現代文評論読解のレシピ

北 英太郎

Kita Eitaro

文芸社

現代文評論読解のレシピ　□　目次

現代文「読解のレシピ」【解説編】……7

本文イラスト＝山本ユウ

現代文「読解のレシピ」【解説編】

第0講 「レシピ」という考え方

その1／本書のねらい

こんにちは。

本書は、日本で一番やさしい評論読解の参考書をめざして書きました。現代文ができなくて、大学を諦めてしまうような生徒さんたちの読み物になれば幸いです。

ふだんから文章を読むのが苦手な受験生（高校生）向けに呼びかけ、語り口調で書いたものです。

さっそく、勉強の話を始めましょうね。僕はイタリア料理が大好きで、お店に食べに行くし、自分でも作ってみたりします。

さて、ここで、問題です。

「イタリア料理店の作り手のレベルを、最も顕著に現してしまうスパゲティは何か？」

【答え】「ペペロンチーノ」（だと思う）。

（ちなみに、ケーキ屋さんの場合は、「イチゴショート」だね）

【理由】シンプルな食材とシンプルな作業によるため、作り手の性格や技量が明確になってしまうから。

さて、ここで「ペペロンチーノの作り方」（レシピ）のひとつを紹介しておくね（現代文の読解の力はつくし、ペペロンチーノの作り方はマスターできるし……、ねぇ。すごい参考書だろ！）。

いたってシンプルな材料。

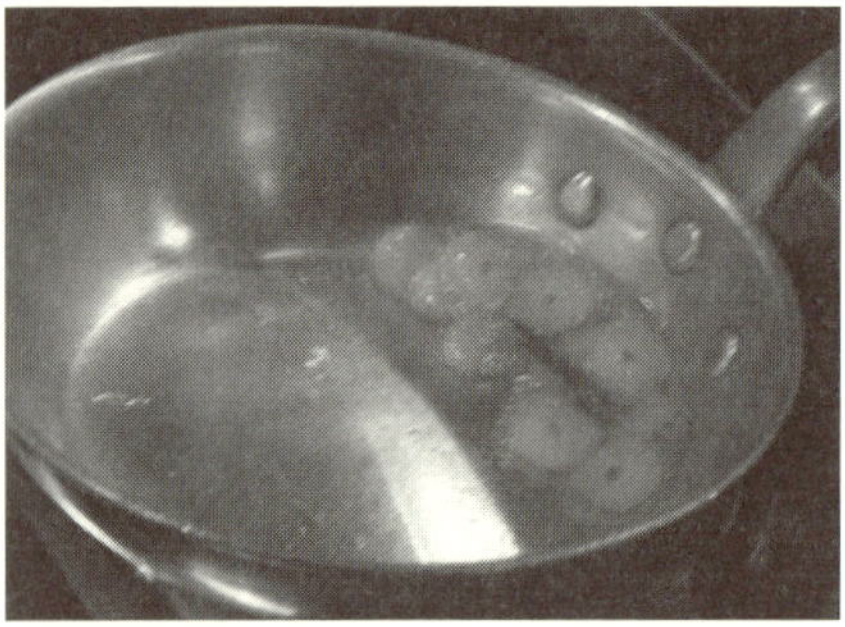

ニンニクの芽は丁寧に取る。
オイルはゆっくりと、ニンニクと鷹の爪（唐辛子）とともに火に掛けること。
決して焦がさない。

どうですか、作ってみたくなりましたか？

ところで、お店のペペロンチーノが、どの店もみんな同じ味わいなんてことはないよね。作る人が違えば、やっぱり味わいが違う。それが料理だし、面白さでもあるよね。では、なぜ違うのか？

例えば、前ページの作り方のうち、

・まず、麺（パスタ）の太さはどうするのか？

・ニンニクは細かく切るのか、潰したものを使うのか。皮ごと使うのか？

オイルにゆで汁を少し入れて、フライパンをゆすって、乳化させる。塩加減を整える。その後、パスタを入れて、さっとオイルとからめるだけ

アーリオ・オーリオ・ペペロンチーノの完成。

（撮影協力＝リストランテ・ポルポ）

・オリーブオイルへのニンニクの香りづけは、どこまでするのか？
・どこ産の、どういうタイプのオリーブオイルを使うのか？
・唐辛子は、どれくらい入れるのか？　どこ産のものを使うのか？
・それに、パスタを茹でる塩加減は？（これが、けっこう重要！）
・茹で汁を最後に入れて乳化させる度合いは？

――シンプルな作業ゆえに、僕が思いつくだけでも、もうたくさんのバリエーションが生まれてくる。店によって味わいが違うのは当たり前なのが、わかるよね。

でも、最初は基本的な作り方が理解されていなければ、だめなはずです。つまり、その基本が「レシピ」なのです。

だから、現代文の読解の方法も、まずは「基本」をしっかりと身につけて、それから、各自で独自なものを考えてくれればいいのです。

苦手な人は、この「基本」ができていない。いつもまずいペペロンチーノを作っちゃうことになるんだ。

本書の目的――――

おいしいペペロンチーノがいつでも作れるように、読解の「基本的」な方法を身につけること、です。

さあ、始めてみましょうか。

その2／まず読まなくっちゃ

この本は、現代文の読解力をつけるためのものだから、やっぱり、それなりの現代文を読んでもらわなくっちゃいけない。

そんなに、難しくないものがいいし、でも、せっかく読んでもらうのだから、それなりに主張がないと困る。

そこで、解説編で読んでもらう文章は一つだけにしました。

つまり、「レシピ」を説明するための文章は一つだけにしたいと思います。同じ文章を何度も読むのも、悪くないと思うからです。

二〇〇八年の二月に同志社大学（法学部）で出題された文章を選びました。

テーマは「環境問題」で、田中淳夫氏の『割り箸はもったいない？』という文章です。森林伐採や温暖化については君たちも耳にしているでしょうし、夏の暑さは年々、ひどくなっていると思いませんか？

長い文章だけれども、これからの君たちの地球や環境を考えるうえで、読んでおいてもよいと思います。

まずは、読解とかの気持ちは抜きにして、軽い気持ちでいいですから、一気に読んでしまいましょう。途中では、ひと休み、ふた休みあっても、もちろんいいからね。

二〇〇八年度／同志社大学　法学部／入試問題（二〇〇八年二月出題）

次の文章は、間伐材を利用して作った割り箸が「もったいない」かどうかという視点から、自然環境問題を論じたものである。これを読んで、後の設問に答えよ（著者注＝空欄問題は埋めておきました し、問いとその傍線部は取ってあります）。

＊

日本では、森林と林業という二つの言葉は、相反した意味で使われがちだった。木を伐ることが森を守るという発想を生理的に受け付けない。それどころか、いまだに林業といえば自然破壊産業と思っている人も多いようだ。

たしかに林業で木を伐るということは、一本の木の生命を奪うだけでなく、倒れる際に周りの木も傷つけるかもしれない。その木を森から搬出する過程で、森の土壌を荒らす可能性もある。

造林という行為も、同じ樹種の苗を一斉に植えるから、同じ樹齢で並ぶことになる。しかも針葉樹はどんぐりのような木の実を稔らせないので、野生動物に餌を提供しない。だから森林としては多様性が低いと思われてしまう。そして人工林は、天然林に比べて水源涵養機能や洪水調節機能なども弱いといわれることが多い。

しかし、それらは大きな誤解であることが、現場で証明されつつある。人工林というのは人の手で作られた森林だが、それゆえ人の手の入れ方次第でどんな森にもなる。手入れされないと荒れて危険な状態に陥るのも人工林だが、十分に考えて育てられた人工林は、天然林以上の公益的機能を発揮する。

有名なのは、三重県の速水林業が所有する一〇〇〇ヘクタールの森林だ。ここは八割がたヒノキ林だが、林内にある植物数を調査したところ、二四三種だった。一方で同じ地域の天然林の植物数は一八五種にとどまったのである。人工林といってもよく間伐されているため、林内に光が差し込み、草類が豊富に生えているほか、広葉樹も数多く伸びているからだ。それらの木の高さはヒノキより低いから、ヒノキの生長を阻害することはない。速水の人工林を歩くと、昆虫やシカ、イノシシ、タヌキなど野生動物の足跡がたくさん見つかった。生物多様性で、天然林を上まわっていることを実感する。

また高知県で調査された森林土壌の保水力の調査でも、一〇〇年生のスギの人工林の方が、同じ山の天然林を上まわる数字が出たことがある。人工林であろうと、これほどの高林齢になり大木が林立する環境となると、林内に多くの下草が生えるから、土壌流出は起きにくい。おかげで森林土壌も分厚く、豊かな生態系が作られていたのである。

一方で、天然林がすべて豊かな森林とは言えない。地味が悪くてうまく木が育っていない地域もある。ササが繁ると、樹木が再び生えるには、非常な時間が必要になるだろう。そんな土地でも、人が少し手を加えることで、森林が復活できる。そうでなくても、天然林の木々の生長は概して遅い。芽吹いても枯れるものが多く、無駄が出るからだ。

つまり、天然林と人工林は対立するものではないのだ。そして、森林と林業も相反しているわけではない。条件によって、いかようにも変わる。

世界の潮流は、むしろ林業こそ環境産業として認められる方向に進んでいる。林業が盛んなところほど森林も豊かで、よい木材を育てる森ほど、森林の持つ公益的機能も高まる、と考えられているのだ。そして二酸化炭素を吸収して、地球環境にも寄与しているとされる。もちろん世界には、まだまだ破壊的林業も多いが、先進の理論と技術が、林業を変えつつある。

注目すべきは、ヨーロッパだろう。主にスウェーデ

ンやフィンランド、ノルウェーなどの北欧、そしてドイツやオーストリアなどの中欧が中心だが、最近では旧東欧諸国からの木材の生産が増えてきた。

日本ではピンと来ないかもしれないが、今やヨーロッパ林業は、世界の木材産業を席巻する存在だ。ヨーロッパの木材供給能力は、急速に力を付けている。ヨーロッパ産製材品生産量は年間一億三〇〇〇万立方メートルを超えて、米材（北アメリカの木材）の生産量に肉薄している。日本にとっても、すでに木材輸入のうち六％がヨーロッパからの輸入なのである。ほんの一〇年前はゼロに近かったことを考えると急速な伸びだ。南洋材や米材のシェアが落ちている中で、その伸びは目立つ。

とくにドイツの場合、人工林面積は約一〇〇〇万ヘクタールと日本と変わらず、また地形も日本並みに急峻な山岳地帯もたくさんある。それなのに木材生産量、つまり森林の伐採量は日本の三倍に達する。木材関連産業は、約八八〇億ユーロ（約一三兆円）を売り上げる巨大産業に成長した。

ここで注目すべきは、これほど林業が盛んなのにもかかわらず、森林は荒れるどころか面積を増やす方向に進んでいることだ。そして国民は、誰もが林業に親しんでいる。林業関係の仕事は、子供たちの憧れの職場だという。

しかし、林業も営利目的の産業である限り、どうしても伐り過ぎたり乱暴な施業が行われる懸念を持つかもしれない。そうした心配を払拭するために誕生したのが、森林認証制度である。

この制度は、第三者機関が森林管理の方法を審査し、環境に配慮しているかチェックすることを目的としている。そして合格（認証を取得）したら、その森林は持続的で環境に配慮しているお墨付きとなる。すると、その森林から得られる生産物（主に木材）に、認証ラベルが付けられる。消費者は、そのラベルの有無を見て、「この木材は環境に配慮して持続的な経営がされている森林から得られたもの」と理解して購入する仕組みだ。

逆に認証のない木製品は、森林経営に疑問がつく。法的に伐採を規制するのではなく、消費者が環境意識を高めれば高めるほど、木製品の売れ行きに影響を与え、結果的に森林を守れるという発想である。

もともとは熱帯雨林を守るために考え出された制度だったが、今や欧米の林業地がこぞって取得するようになった。この認証がないと、木材取引に支障が出ると言われるほどである。

森林認証制度の先駆けとなったＦＳＣ（森林管理協議会）の認証は、世界七二カ国に及び、八一カ所、約七三九四万ヘクタールの森林が取得している。

もう一つ、各国が独自に作った森林認証制度を互いに承認し合うＰＥＦＣＳ（森林認証の承認プログラム）という認証もあるが、こちらの認証森林は、三二カ国一億九〇〇〇万ヘクタールにも達している（いずれも二〇〇六年度の数字。ただし両認証を重複して取得している森林もある）。このほかにも森林認証制度はいくつもあるから、全体で世界の森林の七％近くが認証されている計算になる。すでに国土の森林のほとんどが、これらの認証を取得してしまった国もある。

それぞれ目的や審査基準は微妙に違い、その内容の可否が論議されているが、基本的な立場は、森林が持続的に存続することや、より環境に悪影響を与えない施業法を求めていることだ。そして先住民など地域住民の理解と、経営的にも無理がないことなどが掲げられている。地域社会が受け入れない林業は持続する基盤がないし、もし経営が破綻したら森林を持続できないからである。

言い換えると、森林認証制度は、林業と環境の両立を認めているのだ。

日本にも、ＦＳＣと日本独自のＳＧＥＣという二つの認証制度があるが、認証を取得した森林面積はさほど多くない。その点は、まだまだ日本の林業は努力する余地があるかもしれない。

もちろん、どんな制度や法律を作っても、当事者が守らなくては何の意味もない。認証に十分な実効性があるかどうかは議論の分かれるところだ。とはいえ、時代は少しずつ動いている。もう林業という言葉から

森林破壊を連想するのは、止めるべきだろう。

改めて割り箸と森林問題を振り返ると、「木を見て森を見ず」的な発想で登場したものだった。

多くの人は、森林が危機だと聞けば、木が減っている、だから木を伐るのに反対し、目先の木製品を使わない方がよいと考える。少しでも木を使わなければ、伐られる山の木の量が減る、木を伐らなければ森は守れるし、森林があれば二酸化炭素の排出は減る……このような連想が働く。その末端に、割り箸も引っかかったのだ。

しかし、環境問題をあまり単純化して考えるのは危険である。実際の自然環境や社会の仕組みは複雑で、何がどこに影響を与えるか一概には言えない。一つの行為には多岐にわたる背景と複雑な関係が潜んでいる。

たとえば木を伐る行為が、どんな広がりを持つか考えてみよう。

一本の木を伐って倒せば、その木のみならず木に巣くっていた鳥や虫が追われるだろう。だが倒れた後には空間が広がる。すると光が差し込むようになる。隣の木は、光の当たる開いた空間に枝を伸ばし、葉をたくさん付けられるおかげで幹を太らせるかもしれない。その際には二酸化炭素も吸収するし、枝葉には虫も生息するだろう。その虫を狙って鳥が飛来する。あるいは大きく育った木の下には落葉で土壌が作り出される。また根が伸びると森林土壌を緊縛して流されずにすむ。一方で、倒した木をそのままにしておけば、やがて朽ちていく。それは時間とともに土に帰る。そこに種子が落ちれば、新たな芽生えが始まるだろう。土壌には虫も生息して生物多様性が増す……と、次々とつながっていくのが生態系であり環境だ。

伐った木を利用する場合なら、人間社会に別の広がりが見える。まず伐る人がいる。次に伐った木を運び出す人がいて、乾燥させ、製材する人がいる。それを売る人がいて買う人がいる。もちろん輸送を担当する人もいる。製材を買った人は、それを再び加工して建築材や家具などを作り販売するだろう。あるいは製材過程で出たおが屑や樹皮などを醗酵させて肥料にすることもあれば、端材を燃料としてバイオマス・エネルギーを利用することもできる。それぞれの仕事は利益を生み出すだけでなく、加工された木工品は人々の役に立って喜びを生み出す。また経済を潤し地域を活性化する。豊かになった社会は、木を伐った跡地に次の世代の木を植え始めるだろう。

このように自然界も人間社会も、複雑に絡み合い、お互いに関連し合っている。何がどこに関わっているか、十分に解明できないケースも少なくない。それを単純化した発想で行動を起こしても、望んでいたような結果を生むとは限らない。

実際に、環境によかれと思って行った行為が、思いもかけぬ結果につながったことも少なくない。

たとえば害虫を殺そうと殺虫剤を撒いたら、害虫の天敵も殺してしまうことが多い。また害虫が、薬剤への耐性を身につけて薬が効かなくなることも起こっている。そうなると、殺虫剤を撒けば撒くほど害虫が大発生するという事態になりかねない。

ある特定の植物、あるいは動物を保護したことで、そのほかの動植物が圧迫される事例も少なくない。荒れ地を緑化しようと、生長の早い草や木を外部から持ち込んで植えた場合、在来の植物を圧迫する可能性がある。これまでなかった植物が繁茂することで、生息する昆虫も変わるだろう。そして悪影響を広げてしまうこともあるのだ。シカを保護しようとオオカミを駆除したら、増えたシカは草を食べ尽くして、飢えて大量死したケースもアメリカで起きた。

リサイクル活動も、十分に考えたうえで行わないと逆効果になる。たとえば再生紙を作るには、紙を繊維にもどすために莫大なエネルギーを消費するとともに、漂白のための薬品類も必要とする。その排水の処理にも、馬鹿にならないコストがかかる。リサイクルすることによって資源の無駄遣いを抑え環境を改善しようという思いとは別に、往々にして、その過程で多くの環境負荷を生じるのである。

食品の添加物は危険、農薬は危険、といった指摘も、添加物を使わないことで品質の劣化が早く進んだり、無農薬だと虫の食害のため人々の口に入る前に破棄する食物が増える可能性の方が高い。逆に特定の食物の機能性に注目が集まりがちだが、それが極端になると、これさえ食べていれば癌が治るとか、ダイエットできる……という話になる。こうした短絡思想は、結局何ももたらさないだろう。

結局、どんな行為でも、そこには必ず利益と不利益が生じる。片方だけを取り上げるのではなく、両者を比べて、どちらが総体として有利か十分に検討する必要がある。そんな大きな視点を持って判断しなければ、環境問題は理解できない。森林と人間社会の関係もその中には含まれる。

割り箸も、その大きな広がりと密な結びつきによって存在していることを忘れるべきでないだろう。たかが割り箸、たかが塗り箸だが、それらを通して世間を見たら、新たな世界が見えてくるかもしれない。小さな木片の後ろには、大きな地球環境と人間社会が広がっているのだから。

私は、何も割り箸が絶対に必要だと決めつけているわけではない。もしかしたら日本人の食生活自体が大きく変化して、割り箸が廃れて消えてしまう時代が来るかもしれない。それが時代の流れなら、私はとくに抵抗しようと思わない。

しかし、間違った認識で割り箸が攻撃されるのは不本意である。また割り箸を取り巻く歴史や文化が失われるのは残念だと思っている。何より割り箸自体の価値を、私は高く評価している。

小さな木工品が、日本の山を考え、世界の森林を想像し、環境問題までに思いを馳せるきっかけになれば、幸いである。

（田中淳夫『割り箸はもったいない？』）

＊

お疲れさま。頑張りましたね。
途中で僕が登場しましたが、邪魔だったかな（スイマセン！）。
では、最後に、軽く内容についてチェックしておきましょう。
読んでもらった文章の内容に合っていれば「○」、間違っていたら「×」で答えてね。

1（　）木を伐採する林業は環境破壊につながっている。

2（　）日本の林業は、ヨーロッパの国々のものに比べて、いろいろな点でまだまだ努力が必要だ。

3（　）環境にやさしいと思って行った行為も、案外良くない結果になることもある。

4　（　）世の中の物ごとは、結構、複雑に絡み合って、単純に判断できないものだ。

5　（　）やっぱり、割り箸は環境によくないのだ。

できましたか?

正解は、1−×、2−○、3−○、4−○、5−×です。

全問、正解しましたか?

実は、みんな、できるはずなのです。簡単なんですから……。でも、一問でも間違えてしまった人も、いるかもしれないよね。

大丈夫だよ。そんな君へのアドバイスは、「**ゆっくり、落ち着いてやること**」。そこだけだと思うよ。

第1講 「シュークリーム」を意識する

その1 「シュークリーム理論」とは？

① シュークリームとは何か？

シュークリームとは〝洋菓子の一種〟だってことは、知っているよね。

生地を中が空洞になるように焼いて、その空洞にカスタードクリームなどを詰めるのが、一般的。生クリームのホイップや、中にはプリンが隠れていたり、夏なんかには、アイスの詰まったシューアイスなんかもあるよね。

和製外語であり、フランス語では正しくは「choux à la crème（シュー・ア・ラ・クレーム）」また、一口サイズのものを「profiterole（プロフィトロール、「心付け」の意）」と言うらしい。「シュー」とはフランス語でキャベツの意味であり、丸く絞り出して焼いた生地を結球したキャベツに見立てて「シュー」と呼ぶ。

生の生地は「パート・ア・シュー」（pâte à chou　シュー生地）と呼ばれる。英語圏では「cream puff（クリーム・パフ、クリーム入りのふっくらした物の意）」あるいは、フランスと同様「プロフィトロール」として知られていたりするらしい（このあたりは調べてみて、なるほどと思ったところ）。

以前は、カスタードクリームの腐敗を考慮し、大型の店舗などを除き、冬場にしか販売されなかったのだが、ディスプレイ用の冷蔵設備の普及により、多くの店でも通年にわたり購入できるようになったそうだ。

なんてったって、僕はその外側のカリカリで香ばしいシュー生地が好きだな。実はそこが、今回のポイントだよ。

② シュークリームのレシピ

【材料・分量】

★バターorマーガリンorサラダ油　五〇g
★水（半分牛乳可）七〇cc
薄力粉（半分強力粉可）五〇g
玉子（Lサイズ）二個

【作り方】


鍋にバター、砂糖、水、塩を入れて中火で崩しながら、温めて、
煮立ってきたら薄力粉を入れ、まとめてから火を消し、しっかり練り混ぜる。

卵を少しずつ加えながら、ある程度の堅さになるまで混ぜる。

できあがれば絞り出して、表面に霧吹きで水を掛け、オーブンで焼く。

生地が膨らんだら温度を下げて、更に焼く。

その間にカスタードクリームを作っておこう。

卵黄、グラニュー糖と薄力粉、牛乳を加え、よく混ぜ合わせながら、トロミがつくまで煮る。

後は、シュー皮の中にカスタードを入れれば完成だ。


【メモ（コツ、ポイント）】


堅めのシュー皮にしたい場合は、水三五cc＋牛乳三五cc・薄力粉二五g＋強力粉二五gに。もっと堅いのが好きな人は、薄力粉五〇g↓強力粉五〇gに変更するといいらしい。そして、練り込みが不足すると膨らまないんだって。

それから、これが重要。

焼いている途中及び、温度を下げてからも、オーブンは絶対に開けないこと！

なんだか、シュークリームを食べたくなってくるよね。勉強が一段落したら、食べてみてよ。

とはいっても、シュークリームがいつもそばにあるわけではないよね。それなら、材料を買っておいて、勉強の休憩に作ってみるのはどうかな？

現代文の読解力はつくし、シュークリームは作れるようになるし、まさに一石二鳥の参考書でしょ。

さて、本題へ。

③ 文章把握の方法として、シュークリームをイメージする

シュークリームの美味しさは、シュー生地とクリームによる。

どちらも必要なのだけれど、クリームは他の食品でも利用されることを考えれば、シュークリームのオリジナル性は、その生地と形状にあると言える。

中身を生地が包み込む。その包み込むシュー生地がシュークリームの重要な点と考えられるだろ？


とすると、「シュークリーム」をイメージして読むとは、どういうことになると思う？

「各段落の最初と最後の一、二文、つまり外側に注目する」ということなんだ。

まさに、シュークリームの〝カリカリのシュー生地がい・の・ち〟ということになるかな。

その外側のシュー生地に当たる部分に、実は、段落の中で重要なことが述べられていることが多いんだ。つまり、「まとめ」になっていたりするわけだ。

もちろん、人の文章はさまざまだから、絶対に一〇〇パーセントそうだとは言えないけれども、まずは基本を押さえよう。

それから、シュー生地だけだったら、それはシュークリームじゃないよね。ちゃんと中にクリームがなくっちゃね？

つまり、「**段落の最初と最後は大事なんだけれども、その中の内容も無視はできない**」ということ。

これも、基本の一つとして覚えておいてよ。

では、さきほどの文章で実践してみようか。

その2 「シュークリーム理論」で読んでみよう

先の文章を「形式段落」ごとに、①〜㊵に区切って、少しずつ読んでいってもらおう。そして、外側の「シュー」にあたる文章には《　》を付けてみたからね。そこはしっかり読んでみて。

①《日本では、森林と林業という二つの言葉は、相反した意味で使われがちだった。》木を伐ることが森を守るという発想を生理的に受け付けない。《それどころか、いまだに林業といえば自然破壊産業と思っている人も多いようだ。》

②《たしかに林業で木を伐るということは、一本の木の生命を奪うだけでなく、倒れる際に周りの木も傷つけるかもしれない。》《その木を森から搬出する過程で、森の土壌を荒らす可能性もある。》

③《造林という行為も、同じ樹種の苗を一斉に植えるから、同じ樹齢で並ぶことになる。》しかも針葉樹はどんぐりのような木の実を稔らせないので、野生動物に餌を提供しない。だから森林としては多様性が低いと思われてしまう。《そして人工林は、天然林に比べて

水源涵養機能や洪水調節機能なども弱いといわれることが多い。》

④《しかし、それらは大きな誤解であることが、現場で証明されつつある。》人工林というのは人の手で作られた森林だが、それゆえ人の手の入れ方次第でどんな森にもなる。《手入れされないと荒れて危険な状態に陥るのも人工林だが、十分に考えて育てられた人工林は、天然林以上の公益的機能を発揮する。》

⑤《有名なのは、三重県の速水林業が所有する一〇〇〇ヘクタールの森林だ。》ここは八割がたヒノキ林だが、林内にある植物数を調査したところ、二四三種だった。一方で同じ地域の天然林の植物数は一八五種にとどまったのである。人工林といってもよく間伐されているため、林内に光が差し込み、草類が豊富に生えているほか、広葉樹も数多く伸びているからだ。それらの木の高さはヒノキより低いから、ヒノキの生長を阻害することはない。速水の人工林を歩くと、昆虫やシカ、イノシシ、タヌキなど野生動物の足跡がたくさん見つかった。《生物多様性で、天然林を上まわっていることを実感する。》

⑥《また高知県で調査された森林土壌の保水力の調査でも、一〇〇年生のスギの人工林の方が、同じ山の天然林を上まわる数字が出たことがある。》人工林であろうと、これほどの

高林齢になり大木が林立する環境となると、林内に多くの下草が生えるから、土壌流出は起きにくい。《おかげで森林土壌も分厚く、豊かな生態系が作られていたのである。》

⑦《一方で、天然林がすべて豊かな森林とは言えない。》地味が悪くてうまく木が育っていない地域もある。ササが繁ると、樹木が再び生えるには、非常な時間が必要になるだろう。そんな土地でも、人が少し手を加えることで、森林が復活できる。そうでなくても、天然林の木々の生長は概して遅い。《芽吹いても枯れるものが多く、無駄が出るからだ。》

⑧《つまり、天然林と人工林は対立するものではないのだ。》そして、森林と林業も相反しているわけではない。《条件によって、いかようにも変わる。》

――①～⑧までだが、ここで一度、切っておこう。

それでは、大事なところだけ残すから、もう一度読んでみて。

《日本では、森林と林業という二つの言葉は、相反した意味で使われがちだった。》

《それどころか、いまだに林業といえば自然破壊産業と思っている人も多いようだ。》

《たしかに林業で木を伐るということは、一本の木の生命を奪うだけでなく、倒れる際に

周りの木も傷つけるかもしれない。》
《その木を森から搬出する過程で、森の土壌を荒らす可能性もある。》
《造林という行為も、同じ樹種の苗を一斉に植えるから、同じ樹齢で並ぶことになる。》
《そして人工林は、天然林に比べて水源涵養機能や洪水調節機能なども弱いといわれることが多い。》
《しかし、それらは大きな誤解であることが、現場で証明されつつある。》
《手入れされないと荒れて危険な状態に陥るのも人工林だが、十分に考えて育てられた人工林は、天然林以上の公益的機能を発揮する。》
《有名なのは、三重県の速水林業が所有する一〇〇〇ヘクタールの森林だ。》
《生物多様性で、天然林を上まわっていることを実感する。》
《また高知県で調査された森林土壌の保水力の調査でも、一〇〇年生のスギの人工林の方が、同じ山の天然林を上まわる数字が出たことがある。》
《おかげで森林土壌も分厚く、豊かな生態系が作られていたのである。》
《一方で、天然林がすべて豊かな森林とは言えない。》
《芽吹いても枯れるものが多く、無駄が出るからだ。》
《つまり、天然林と人工林は対立するものではないのだ。》
《条件によって、いかようにも変わる。》

――ちょっと強引な感じはするかも知れないけれど、どう?
内容の意味は、ある程度、取れるでしょ。

《日本では、森林と林業という二つの言葉は、相反した意味で使われがちだった。》
《それどころか、いまだに林業といえば自然破壊産業と思っている人も多いようだ。》

ここまでで……林業はよくないことだと思われている、という内容。

《たしかに林業で木を伐るということは、一本の木の生命を奪うだけでなく、倒れる際に周りの木も傷つけるかもしれない。》
《その木を森から搬出する過程で、森の土壌を荒らす可能性もある。》
《造林という行為も、同じ樹種の苗を一斉に植えるから、同じ樹齢で並ぶことになる。》
《そして人工林は、天然林に比べて水源涵養機能や洪水調節機能なども弱いといわれることが多い。》

ここまでで……林業（人工林）のよくない点が具体的に説明されている。

《しかし、それらは大きな誤解であることが、現場で証明されつつある。》
《手入れされないと荒れて危険な状態に陥るのも人工林だが、十分に考えて育てられた人工林は、天然林以上の公益的機能を発揮する。》

ここまでで……林業（人工林）も意外と悪くないのだ、と意見が述べられている。

《有名なのは、三重県の速水林業が所有する一〇〇〇ヘクタールの森林だ。》
《生物多様性で、天然林を上まわっていることを実感する。》
《また高知県で調査された森林土壌の保水力の調査でも、一〇〇年生のスギの人工林の方が、同じ山の天然林を上まわる数字が出たことがある。》
《おかげで森林土壌も分厚く、豊かな生態系が作られていたのである。》

ここまでで……人工林もいいということを、三重県と高知県の具体例で説明した。

《一方で、天然林がすべて豊かな森林とは言えない。》
《芽吹いても枯れるものが多く、無駄が出るからだ。》

ここまでで……天然林は意外とよくない点もある、という内容。

《つまり、天然林と人工林は対立するものではないのだ。》
《条件によって、いかようにも変わる。》

最後に……人工林（林業）は悪くない、とまとめた。

——ということで、文章の内容はこの、**「シュークリーム」を意識しながら読めばワカル**、ということになるんだね。

第2講 「サンドイッチ」を意識する

その1 「サンドイッチ理論」とは？

① サンドイッチ（sandwich）とは何か？

次は、サンドイッチだよ。

僕も授業の合間の休み時間や、時間に追われているときなんかに、右手にシャープペン、左手にサンドイッチを持ってバタバタしています。何かしながらお腹もふくれる食べ物としては、実に便利だよね。

でも、気を付けないと、中の具やソースなんかがはみ出して、ノートやズボンの上に落ちてくるなんてこともあるからね。

名称の由来も、けっこう知っている人もいるかもしれないね。諸説あるんだけれど、一番有名なのは、「サンドイッチ伯」という人物由来説かな。

18世紀、イギリスの貴族で海軍大臣などを歴任したサンドイッチ伯ジョン・モンタギュー（John

Montagu, 4th Earl of Sandwich）という人がいたんだ。
彼は無類のクリベッジ（トランプ遊びの一種）好きで、食事にかける時間も惜しむほどだったらしい。そこで、ゲームの合間に片手で食事が取れるよう、パンに具を挟んだものを用意させていたことから、いつしかこれがサンドイッチと呼ばれるようになった、という話だ。

日本では、食パンに具を挟んだものを指すことが多いんだけど、それ以外の形式のものもサンドイッチと呼んでいいらしいよ。

たとえば、フランス料理における前菜で出てくる、食パンベースの〝カナッペ〟なんかもサンドイッチの一種なんだそうだ。君たちが好きなハンバーガーや、イタリア料理のパニーノも……。それにアイスクリームをクッキーなどで挟んだアイスクリーム・サンドイッチは、アイス・サンド、クッキー・サンドなどとも呼ばれているよね。実に、さまざまなのだ。

② 文章把握の方法として、サンドイッチをイメージする

サンドイッチは、パンに具材が挟まっている状態だよね。これをもう少し、たいそうなサンドイッチとしてイメージしてみてほしいんだ。

つまり、パンと具とパン、その続きに具とパン、さらに具とパン……。結局、パン＋野菜・トマト＋パン＋コロッケ＋パン＋チーズ＋パンみたいな、豪華なサンドイッチのできあがりだ。

さて、豪華サンドイッチ状態、それが何を意味するのか？

実はこれが、**日本の文章の典型的なパターン**なんだ。

評論でなんだか難しいことを書いていても、結局、読み手が理解できなきゃ意味がない。

本屋で君たちが題名を見て、「オッ、これ、なんだか面白そう」と思って手に取ったとする。ぱらぱらとめくってみて、ちょっと最初の所だけ読んでみて、書いてあることが分からなかったら、絶対、その本は買わないよね。頑張って書いたその作者は、少なくとも買ってくれる人を一人失ったことになって、どう考えたって損だよね。

つまり、文章は分かるように書かなきゃだめ、ということだね。もちろん、読む側の読解力のレベルもあるから、なんでもかんでも簡単でいいということではないんだけどね。

分かってもらうように書くには、絶対必要なことがある。これは、どんな難しい文章でも絶対ないと駄目なんだ。なんだと思う？

それは「**具体例**」だよ。

なんだか難しいこと、抽象的なこと、まとめになっていること、それだけを書いていたって、何のことだか理解はしてもらえない。主張や言いたいこと、これだけは読んで理解してもらいたいこと、それだけを並べても駄目だということだ。

別の言い方をすると、君たちが、読解しなきゃという文章には、必ず入っているということだね。その「**具体例**」というのは、「**まとめや抽象的な内容を分かりやすく、実例として紹介したもの**」なんだ。ということは、順番として、

説明＋その具体例

または

具体例＋その説明

それで、その後も文章が続くんだから、結局、

具体例＋説明＋具体例＋説明……

となって、これってなんだか、サンドイッチみたいじゃないですか。

現代文においては、説明〈抽象〉と例〈具体〉が交互に並ぶ構造をイメージすることが理解を助けてくれるよ。

その２ 「サンドイッチ理論」で読んでみよう

それでは、先の文章の⑧段落以降の続き、⑨～⑬までを読んでみようか。

その前に、前回同様「シュークリーム」の外側をイメージする一文は《 》でくくってあるからね。

それと、具体的な例とその説明（まとめ）の部分とを意識して、つまり**サンドイッチをイメージしながら**読んでみてよ。

⑨《世界の潮流は、むしろ林業こそ環境産業として認められる方向に進んでいる。》林業が盛んなところほど森林も豊かで、よい木材を育てる森ほど、森林の持つ公益的機能も高まる、と考えられているのだ。そして二酸化炭素を吸収して、地球環境にも寄与しているとされる。《もちろん世界には、まだまだ破壊的林業も多いが、先進の理論と技術が、林業を変えつつある。》

⑩《注目すべきは、ヨーロッパだろう。》《主にスウェーデンやフィンランド、ノルウェーなどの北欧、そしてドイツやオーストリアなどの中欧が中心だが、最近では旧東欧諸国からの木材の生産が増えてきた。》

⑪《日本ではピンと来ないかもしれないが、今やヨーロッパ林業は、世界の木材産業を席巻する存在だ。》ヨーロッパの木材供給能力は、急速に力を付けている。ヨーロッパ産製材品生産量は年間一億三〇〇〇万立方メートルを超えて、米材（北アメリカの木材）の生産量に肉薄している。日本にとっても、すでに木材輸入のうち六％がヨーロッパからの輸入なのである。ほんの一〇年前はゼロに近かったことを考えると急速な伸びだ。《南洋材や米材のシェアが落ちている中で、その伸びは目立つ。》

⑫《とくにドイツの場合、人工林面積は約一〇〇〇万ヘクタールと日本と変わらず、また地形も日本並みに急峻な山岳地帯もたくさんある。》それなのに木材生産量、つまり森林の伐採量は日本の三倍に達する。《木材関連産業は、約八八〇億ユーロ（約一三兆円）を売り上げる巨大産業に成長した。》

⑬《ここで注目すべきは、これほど林業が盛んなのにもかかわらず、森林は荒れるどころか面積を増やす方向に進んでいることだ。》そして国民は、誰もが林業に親しんでいる。《林業関係の仕事は、子供たちの憧れの職場だという。》

――どうですか。

まずは、小さなところから注目して、⑪段落を見てみよう。文章ごとに分けるよ。

⑪《日本ではピンと来ないかもしれないが、今やヨーロッパ林業は、世界の木材産業を席巻する存在だ。》

ヨーロッパの木材供給能力は、急速に力を付けている。

ヨーロッパ産製材品生産量は年間一億三〇〇〇万立方メートルを超えて、米材（北アメリカの木材）の生産量に肉薄している。

日本にとっても、すでに木材輸入のうち六％がヨーロッパからの輸入なのである。

ほんの一〇年前はゼロに近かったことを考えると急速な伸びだ。

《南洋材や米材のシェアが落ちている中で、その伸びは目立つ。》

この⑪の内容を、「シュークリーム理論」で、最初と最後だけを抜き出してくると、「今やヨーロッパ林業は、世界の木材産業を席巻する存在だ」であり、「南洋材や米材のシェアが落ちている中で、その伸びは目立つ」というものになるよね。

でも、「席巻する存在だ」とか「伸びは目立つ」とか言われても、数字で具体的に示してもらわなくちゃ、それだけでは分かりにくいよね。

だから、サンドされている部分には、

「年間一億三〇〇〇万立方メートル」

「木材輸入のうち六％がヨーロッパからの輸入」

「ほんの一〇年前はゼロに近かった」

と、具体的に例が示されているんだ。

ちなみに、その次の⑫段落をみると、

「とくにドイツの場合……」と今度は、具体的な国を取り上げて説明しているよね。
⑪段落から⑫段落は、結局、
説明＋具体例＋説明＋具体例になっているというわけだ。

少し視野を広げよう。
⑨段落の主な内容は、「シュークリーム理論」から、最初と最後をピックアップすると、
《世界の潮流は、むしろ林業こそ環境産業として認められる方向に進んでいる。》
《もちろん世界には、まだまだ破壊的林業も多いが、先進の理論と技術が、林業を変えつつある。》
となる。つまり、「先進の理論と技術」でもって「林業こそ環境産業として認められる方向」だということだね。

そこで、その「林業こそ環境産業」になっている場所を具体的に示して説明する必要が出てくる。だから、

⑩《注目すべきは、ヨーロッパだろう。》

として、具体的に「ヨーロッパ」という場所を示したんだね。続きは、

《主にスウェーデンやフィンランド、ノルウェーなどの北欧、そしてドイツやオーストリアなどの中欧が中心だが、最近では旧東欧諸国からの木材の生産が増えてきた。》

——となっているね。

そしてそれは次の⑪につながって「……今やヨーロッパ林業は……」となるんだ。

続きは、さっき見たから軽く流して読んでいこう。

⑪《日本ではピンと来ないかもしれないが、今やヨーロッパ林業は、世界の木材産業を席巻する存在だ。》

ヨーロッパの木材供給能力は、急速に力を付けている。

ヨーロッパ産製材品生産量は年間一億三〇〇〇万立方メートルを超えて、米材（北アメリカの木材）の生産量に肉薄している。

日本にとっても、すでに木材輸入のうち六％がヨーロッパからの輸入なのである。

ほんの一〇年前はゼロに近かったことを考えると急速な伸びだ。

《南洋材や米材のシェアが落ちている中で、その伸びは目立つ。》
⑫《とくにドイツの場合、人工林面積は約一〇〇〇万ヘクタールと日本と変わらず、また地形も日本並みに急峻な山岳地帯もたくさんある。》
それなのに木材生産量、つまり森林の伐採量は日本の三倍に達する。

《木材関連産業は、約八八〇億ユーロ（約一三兆円）を売り上げる巨大産業に成長した。》

——と、ここまで具体的な数字をあげての具体例だよね。

つまり、⑩からこの⑫の終わりまでは、大きく見ると全部が具体例だということですよ。

で、次の⑬段落で、具体例をまとめている。
⑬《ここで注目すべきは、これほど林業が盛んなのにもかかわらず、森林は荒れるどころか面積を増やす方向に進んでいることだ。》
そして国民は、誰もが林業に親しんでいる。

《林業関係の仕事は、子供たちの憧れの職場だという。》

「林業が盛んなのにもかかわらず、森林は荒れるどころか面積を増やす方向に進んでいる」というのは、⑨段落の「林業こそ環境産業」だということについて、言い換えたものと言えるんじゃないかな。

つまり、

⑨段落から⑬段落までは、結局、説明（⑨）＋具体例（⑩〜⑫）＋説明（⑬）になっている。

これは「みごとな、サンドイッチ状態」ということができるんだねぇ。

第3講　「スパイス」を意識する

その1　「スパイス理論」とは何か

①　スパイス（香辛料）とは何か

「スパイス」と聞いて、諸君は何を連想するだろうか?

激辛カレーライスやキムチなどの、なんだか辛いものと思っているかもしれないけれど、本当はそれだけではなく、スパイスって、もっと広い範囲のものも含むんだ。

それらは**〝調味料の一種〟として香りや辛味、色合いなんかを出すためのもの**なんだね。だいたいは植物から採取されるものなのだそうだ。スパイスを加えることにより、味に変化が生まれて、おいしく感じさせたり、食欲を増進する効果があるんだ。

それに、独特の臭みを持つ食材に対しては、臭み消しとして利用されたりもする。挽肉に対するナツメグや、魚に対するショウガなどがその典型的な例だ。臭みが感じられなくなるおかげで、素材の旨味が引き立ってくる。

また、香辛料は、防腐、殺菌作用が強いものが多くて、食品の保存性を高める目的で利用されることも多い。このため、胡椒などは大航海時代に食料を長期保存するためのものとしてきわめて珍重された、というのは世界史の授業で聞いたことがあるだろう。

ほとんどの香辛料は、植物の実や種子や球根そのものや、それらを乾燥させたもので、乾燥のあとに細かくしたり、粉にしたものだ。

英語ではspiceといい、日本でも香辛料を「スパイス」と呼ぶことが多い。

香辛料が料理の味に特徴を加えるので、物事にちょっとした特徴を加えて目立たせたり、気の利いたものにしたりすることを、「スパイスを利かせる」とも表現するだろう？

さて、その種類だけれど、まずは「単一素材」をあげてみよう。

【おもなスパイス（単一素材）】

ウコン（鬱金、ターメリック、ハルディ）　オールスパイス（百味胡椒、三香子）
オレガノ（花薄荷）　カルダモン（イライチ）

キャラウェイ（姫茴香）
グリーンペッパー（緑胡椒）
コショウ（胡椒、ペッパー）
サフラン（番紅花）
シソ（紫蘇）
ショウガ（生姜、ジンジャー）
セージ
タデ（蓼）
ディル
ナツメグ
バニラ
フェンネル
ペパーミント
ホワイトペッパー（白胡椒）
マスタード（辛子、洋芥子）
ローズマリー
ワサビ（山葵）

クミン（ジーラ）
クローブ（丁字）
コリアンダー（ダニヤ）
サンショウ（山椒）
シナモン（肉桂）
スターアニス（八角、大茴香）
タイム
タラゴン（エストラゴン）
唐辛子、一味唐辛子（チリペッパー、レッドペッパー）
ニンニク（大蒜、ガーリック）
パプリカ（甘唐辛子）
ブラックペッパー（黒胡椒）
ポピーシード（けしの実）
マージョラム
ミョウガ（茗荷）
ローリエ（月桂樹の葉、ベイリーフ）

次に、

【単一素材をブレンドしたスパイス】

五香粉　ガラムマサラ
カレー粉　七味唐辛子
チリパウダー　花椒塩
柚子胡椒（柚子唐辛子）　かんずり

——実にいろいろあるよね。聞いたことあるものもあれば、「何じゃ、これは？」というものもあるんじゃないかな。

ちなみに、最後の「かんずり」って僕も知らなくて、調べてみました。

かんずりは、「寒造里」とも書き、新潟県妙高市特産の香辛料だそうだ。雪にさらした唐辛子をすりつぶし、麹・塩・柚子などを加えて熟成させたものとのこと。おそらく、雪にさらしておくところがポイントなのだろう。アクが抜けるんだって。鍋物のたれにプラスすると、おいしいのだとか……。

② 文章把握の方法として、スパイスを意識して味わう

さて、このスパイスがどう文章読解にかかわるのか、だよね。

それらのスパイスは、素材を生かしたり、味を調えたり、料理の味わいのテーマになったりもする。カレーに欠かせないカレー粉だとか、鮨を食べるときの山葵だとか……。僕の好きなイタリアンのカルボナーラなんかは、黒胡椒が勝負なんだ。

素材を生かしながら補助としてはたらく。つまり、食べていて、「おっ」と思わせたり、「ピリッ」ときたりするものだ。

現代文の中にも、そういった、「おっ」「ピリッ」として大切な素材、つまり重要なことなんかを明確にしてくれる働きをするものがある。つまり「スパイス」と同じような働きをするものがあるということだ。

テーマや展開する意見にはなり得ないが、それらを**結びつけ、主張や論理の展開を明確にする。意味を紡ぐ言葉として注目し、論理の展開や重要な内容を把握するのに利用することができる**ものだ。

代表的なものが、「**接続詞**」。

「しかし」「だから」「そして」「また」「ところで」「しかも」「もしくは」など。

それから、内容を明確にする言葉。

「たとえば」「なぜならば」「~だから」「~ので」「~ではなく」なども大切だよ。

そして、その**文頭や文中に来る単語の直後や、文末の直前の部分に注目すること。**それが大切なことだ。

その2 「スパイス理論」を活用して読んでみる

それでは先の文章の続きを、⑭から㉓段落まで読んでいこう。

文頭に来たりする接続詞や途中に出てくる副詞の仲間は（　　）で、その他の言葉や文末は～～をつけてみました。

「シュークリーム理論」によって、重要と思われる箇所を《　》でくくってみました。

それから、「サンドイッチ理論」で、具体例と分かる箇所は［例　　例］でくくってみました。

⑭ しかし、林業も営利目的の産業である限り、どうしても伐り過ぎたり乱暴な施業が行われる懸念を持つかもしれない。《そうした心配を払拭するために誕生したのが、森林認証制度である。》

⑮《この制度は、第三者機関が森林管理の方法を審査し、環境に配慮しているかチェックすることを目的としている。》そして合格（認証を取得）したら、その森林は持続的で環境に配慮しているお墨付きとなる。すると、《その森林から得られる生産物（主に木材）に、認証ラベルが付けられる。》消費者は、そのラベルの有無を見て、「この木材は環境に配慮して持続的な経営がされている森林から得られたもの」と理解して購入する仕組みだ。

⑯ 逆に《認証のない木製品は、森林経営に疑問がつく。》法的に伐採を規制するのではなく、《消費者が環境意識を高めれば高めるほど、木製品の売れ行きに影響を与え、結果的に森林を守れるという発想である。》

⑰ もともとは熱帯雨林を守るために考え出された制度だったが、《今や欧米の林業地がこぞって取得するようになった。》《この認証がないと、木材取引に支障が出ると言われるほどである。》

⑱ ［森林認証制度の先駆けとなったＦＳＣ（森林管理協議会）の認証は、世界七二カ国に及び、八一カ所、約七三九四万ヘクタールの森林が取得している。

⑲ もう一つ、各国が独自に作った森林認証制度を互いに承認し合うＰＥＦＣＳ（森林認証の承認プログラム）という認証もあるが、こちらの認証森林は、三二カ国一億九〇〇〇万ヘクタールにも達している（いずれも二〇〇六年度の数字。ただし両認証を重複して取得している森林もある）。このほかにも森林認証制度はいくつもあるから、全体で世界の森林の七％近くが認証されている計算になる。すでに国土の森林のほとんどが、これらの認

証を取得してしまった国もある。」㊟

⑳ それぞれ目的や審査基準は微妙に違い、その内容の可否が論議されているが、《基本的な立場は、森林が持続的に存続することや、より環境に悪影響を与えない施業法を求めていることだ。》そして《先住民など地域住民の理解と、経営的にも無理がないことなどが掲げられている。》地域社会が受け入れない林業は持続する基盤がないし、もし経営が破綻したら森林を持続できないからである。

㉑ 言い換えると、《森林認証制度は、林業と環境の両立を認めているのだ。》

㉒ ㊟「日本にも、FSCと日本独自のSGECという二つの認証制度があるが、認証を取得した森林面積はさほど多くない。その点は、まだまだ日本の林業は努力する余地があるかもしれない。」㊟

㉓ もちろん、どんな制度や法律を作っても、当事者が守らなくては何の意味もない。認証に十分な実効性があるかどうかは議論の分かれるところだ。とはいえ、時代は少しずつ動いている。《もう林業という言葉から森林破壊を連想するのは、止めるべきだろう。》

――一度このあたりで、切っておきましょう。

⑭は、いきなり「しかし」から始まってしまいました。逆説の次には重要なことが説明されていることが多いので、まさに「スパイス」として、ピリッとくる単語なので、しかしとしました。

でも、《 》でくくらなかったよ。それはなぜか。その文末に注目。「かもしれない」となっている。「かもしれない」って、なんだか自信なさそうだよね。

そうっ。つまり、「かもしれない」では、大切なことは表現できないということだね。

だから、しかしよりも段落最後の一文である、《そうした心配を払拭するために誕生したのが、森林認証制度である。》を重要箇所としたんだ。

じゃあ、次の⑮段落を見てみよう。

最初の《この制度は、第三者機関が森林管理の方法を審査し、環境に配慮しているかチェックすることを目的としている。》を、まず押さえておこうね（「シュークリーム理論」により）。

次に「そして」と「すると」に（　）をつけたよ。間の「たら」にも付けた。

ここは、こんな流れになるんだ。

《……環境に配慮しているかチェックすることを目的としている。》

そして……したら……となる。するとと《……認証ラベルが付けられる。》

それで、最後にどうなったと述べてあった？

そうっ、結局、最終的な結果としては「認証ラベルが付けられる」んだよね。だから、そこが重要な箇所として《　》としたんだ。

そのため、この段落の最後の一文「消費者は……」は「認証ラベルが付いた」ことによるその後の内容だし、「すると」のような「スパイス」も利いていないので、軽めに扱ってもいいんじゃないかな。

さて、次。

⑯は短い段落で、最初と最後を《　》でくると全部になってしまうよね。全部大事なのかと言うと、そうではない。よく読んでみて。

《認証のない木製品は、森林経営に疑問がつく。》

法的に伐採を規制するのではなく、

《消費者が環境意識を高めれば高めるほど、木製品の売れ行きに影響を与え、結果的に森

林を守れるという発想である。》

そう、「……ではなく」があるよね。
「ではない」んだから、その「法的に伐採を規制する」は重要ではない。むしろ、そのあとが大切だよね。

そこで、
《消費者が環境意識を高めれば高めるほど、木製品の売れ行きに影響を与え、結果的に森林を守れるという発想である。》――というように、《　》でくくりました。

次の段落に行こう。⑰も同様で、「が」は逆接だから、その後が大事。よって、
《今や欧米の林業地がこぞって取得するようになった。》となる。
《この認証がないと、木材取引に支障が出ると言われるほどである。》
を大切なところとしました。

⑱から⑲は「(例)　　」(例)でくくりました。
⑭の「森林認証制度」の、現実にある具体的なものだからだよ。
次の⑲の「もう一つ」も、二つ目の例として紹介されているんだから、引き続き、「(例)　　」(例)としてお

きました。

さて、⑳からです。⑱⑲と具体例でしたから、どこかでその具体例をまとめて、抽象的に説明するところが来るはずですよね（「サンドイッチ理論」）。それがこの⑳です。

最初の一文が「シュークリーム理論」では重要なはずですが、⑯の「ではなく」、⑰の「が」と同様、ここにも「が」がありますので、この次からが大切な所と判断しましょう。

それぞれ目的や審査基準は微妙に違い、その内容の可否が論議されているが、その次からだね。

《基本的な立場は、森林が持続的に存続することや、より環境に悪影響を与えない施業法を求めていることだ。》

と「基本的な立場」について説明しているここが、まず大切な箇所。その大切な箇所の次に「そして」で繋いでいると考えると、ここも大事と考えていいでしょう。

《先住民など地域住民の理解と、経営的にも無理がないことなどが掲げられている。》だね。で、次の一文の文末では「からである」がある。その重要な事柄についての理由が述べられている。

ちなみに、この理由は重要なことの後にあるんだけれども、次のように言い換えることができるよね。

「地域社会が受け入れない林業は持続する基盤がないし、もし経営が破綻したら森林を持続できないから、《先住民など地域住民の理解と、経営的にも無理がないことなどが掲げられている。》」と。

「理由」や「原因」、「根拠」などがわざわざ述べられているんだから、その「理由・原因」によって、「どうなった」の部分が、やっぱり、重要な箇所と判断していいでしょう。

㉑は、言い換えると、がある。大切でなければ、「言い換え」て説明する必要もないだろうし、当然その後に続く「言い換えられた」内容も大切だよね。

《森林認証制度は、林業と環境の両立を認めているのだ。》

これは、今までの内容のまとめですよね。

さて、次の㉒は、日本の具体例ですね。

ちゃんと㉑の「まとめ」（抽象的な内容）の次には、「サンドイッチ」のように具体例が来てますね。

(例)「日本にも、ＦＳＣと日本独自のＳＧＥＣという二つの認証制度があるが、認証を取得した森林面積はさほど多くない。その点は、まだまだ日本の林業は努力する余地があるかもしれない。」(例)

次の㉓は、よくあるパターンだよ。

「もちろん……だけれども（しかし）……」。

ただ、今回は「とはいえ」だから、ちょっと弱い逆接だね。でも、大事なのは「とはいえ」の後だよね。

もちろん、どんな制度や法律を作っても、当事者が守らなくては何の意味もない。認証に十分な実効性があるかどうかは議論の分かれるところだ。とはいえ、時代は少しずつ動いている。《もう林業という言葉から森林破壊を連想するのは、止めるべきだろう。》

最後の最後は、「林業は環境破壊」じゃない、ってことを述べています。

ちなみにこの最後の最後は、

⑨《世界の潮流は、むしろ林業こそ環境産業として認められる方向に進んでいる。》

と、ほぼ同じことを述べていることになるんじゃないかな。

なるほど……。作者が本当に読んでいる人に分かってもらいたい、主張したいことって、繰り返して述べるのだよね。作者も分かってもらおうとして、必死なんだね。

さて、◯や〰〰でチェックしてきましたが、それらをすべて覚えようとしなくていいからね。いろいろと文章を読んでいくなかで、なんとなく「スパイス」としての刺激を感じるようになればいいからね。ただし、食べなきゃ味の判別が難しいように、現代文だって、文章を読まなきゃだめだよ。

でも、最低これだけは、**しっかりと「スパイス」として感じてほしい。それは、「逆接」だ。**

「しかし」「が」「けれども」というやつだ。そして、**その言葉の次に、言いたいこと、重要なことが述べられている、**《　》でくくれる内容が来る、ということを覚えていてほしい。

「シュークリーム理論」と「サンドイッチ理論」と、この「逆接」の「スパイス」で、だいたいの文章は読んでいけるし、文章のポイントも絞り込むことができるからね。

やさしい文章でもいいから、ガンガン読んでいってほしい。食べることで舌が鍛えられるように、読むことで読解

のノウハウは確実に身に付いていくんだからね！

第４講 「柿ピー」を意識する

その１ 「柿ピー理論」とは何か

① 「柿の種」とは何か

柿の種（かきのたね）は、練った餅米《もちごめ》を細かく切り、表面を醤油などでコーティングして味付けして焼いた米菓子のことだ。名前の由来は、外見が果実の柿の種子に似ていることから……。新潟県起源の煎餅《せんべい》菓子の一種。

とくに、この柿の種が剥きピーナッツと一緒に混ぜられているものが「柿ピー」、「ピー柿」、「ピーピー柿」などと呼ばれる。

その起源は、一九二三年、新潟県長岡市の浪花屋製菓の創業者、今井與三郎が、偶然うっかり踏み潰してしまった煎餅の金型を、元に直せずそのまま使用したところ、歪んだ小判型の〝あられ煎餅〟になってしまったことが始まり、とされている。

一九五五年、柿の種にピーナッツが混ぜられ始めた。ピーナッツが混ぜられた理由としては、この当時ピーナッツの需要が伸び悩んでいたという背景があり、売り上げ好調だった柿の種に混ぜてみたところ、消費者に受け容れられて、成功したんだそうだ。

ただ、当初は「ピーナッツの量が多すぎる」という声を受けて、調整の末、現在の6対4のバランスになったとか。

一般的な「柿の種」は、醤油などで味付けされた赤みがかったものだが、近年では、塩だれ、ワサビ、チョコレート、マヨネーズ、青のりなどで味付けされたものもある。

現代でもいわゆる〝乾きもの〟のおつまみの定番として根強い人気がある。

②文章把握の方法として、「柿ピー」をイメージする。

もともとは、「柿の種」の販売促進のため、「ピーナッツ」を混ぜた。

つまり、製造元の菓子屋としては、メインは「柿の種」だった。そこに「ピーナッツ」を混ぜることで販売数が伸びて、「こりゃ、いけるぞ」となったんだ。

だけど、一度、「柿ピー」に慣れてしまうと、「柿の種」だけではなんだか物足りなくなるだろう。つまり、両者があって初めて美味しく食べることができる。でも、メインは「柿の種」であって「ピーナッツ」はその補助だと忘れてはいけないんだね。

別の言い方をすると、「柿の種」は「ピーナッツ」があることによって食べてもらえる。「ピーナッツ」はメインを支える重要な働きをしている、ということになるよね。

つまり、これは、現代文における、**「二項対立（対照）」**の様子を示しているんだ。主題（柿の種）だけでは、なかなか理解されにくい（売れない）。そこで、主題（柿の種）とは相反するもの（ピーナッツ）を混ぜることで、理解されやすくなる（美味しく、そして売れる）。対照のものを持ってくることで、主題を明確にすることができるのだ。

ちなみに、この二項の順番についても述べておくね。

諸君が、学校で勉強やクラブでへとへとになって家に帰ってきたとする。宿題があって、やらなきゃならないとして、お母さんに、おやつや飲み物を持ってきてもらいたいなぁー、と思ったとしよう。

さて、どう言えばいいかな。

「今から、ちょっと頑張って勉強しようかな！　いやぁー、今日のクラブでへとへとなんだけれど」

これは、失敗。お母さんの「ふーん」で終わってしまう。ここは、

「いやぁー、今日のクラブでへとへとなんだけれど、今から、ちょっと頑張って勉強しようかな！」

と言えば、

「アーラ、頑張るじゃないの」てなことで、「柿ピー」とお茶、はたまたイチゴショートと珈琲なんかが出てくるかもよ。

君のテーマは、「ちょっと頑張って勉強しようかな」ということだよね。

お母さんの頭の中に、君の頑張りを印象づけるには、**言いたいことは逆接のあと**、つまり、前よりも後ろに置いたほうがいいはずだ。

つまり、**筆者がテーマを印象的に読者に分かってもらおうとするには**、**テーマは「後ろ」に置くことになる**、ということを基本として覚えておこう。

その2 「柿ピー理論」で読んでみよう

それでは、先の文章の続きを㉔から㉚段落まで読んでみよう。

「シュークリーム理論」による《　》、

「スパイス理論」による（　）、〰〰、

「サンドイッチ理論」による、(例)「　」(例)、をそれぞれに加えてみたからね。

それに、あえて一文ずつで改行したからね（(例)「　」(例) はそのままですが……）。

㉔《改めて割り箸と森林問題を振り返ると、「木を見て森を見ず」的な発想で登場したものだった。》

㉕《多くの人は、森林が危機だと聞けば、木が減っている、だから木を伐るのに反対し、目先の木製品を使わない方がよいと考える。》
少しでも木を使わなければ、伐られる山の木の量が減る、木を伐らなければ森は守れるし、森林があれば二酸化炭素の排出は減る……このような連想が働く。

《その末端に、割り箸も引っかかったのだ。》

㉖ しかし、《環境問題をあまり単純化して考えるのは危険である。》実際の自然環境や社会の仕組みは複雑で、何がどこに影響を与えるか一概には言えない。《一つの行為には多岐にわたる背景と複雑な関係が潜んでいる。》

㉗ たとえば《木を伐る行為が、どんな広がりを持つか考えてみよう。》

㉘ (例)［一本の木を伐って倒せば、その木のみならず木に巣くっていた鳥や虫が追われるだろう。だが倒れた後には空間が広がる。すると光が差し込むようになる。隣の木は、光の当たる開いた空間に枝を伸ばし、葉をたくさん付けられるおかげで幹を太らせるかもしれない。その際には二酸化炭素も吸収するし、枝葉には虫も生息するだろう。その虫を狙って鳥が飛来する。あるいは大きく育った木の下には落葉で土壌が作り出される。また根が伸びると森林土壌を緊縛して流されずにすむ。一方で、倒した木をそのままにしておけば、やがて朽ちていく。それは時間とともに土に帰る。そこに種子が落ちれば、新たな芽生えが始まるだろう。土壌には虫も生息して生物多様性が増す……と、次々とつながっていくのが生態系であり環境だ。

㉙ 伐った木を利用する場合なら、人間社会に別の広がりが見える。まず伐る人がいる。次に伐った木を運び出す人がいて、乾燥させ、製材する人がいる。それを売る人がいて買う人がいる。もちろん輸送を担当する人もいる。製材を買った人は、それを再び加工して建築材や家具などを作り販売するだろう。あるいは製材過程で出たおが屑や樹皮などを醗酵させて肥料にすることもあれば、端材を燃料としてバイオマス・エネルギーを利用することもできる。それぞれの仕事は利益を生み出すだけでなく、加工された木工品は人々の役に立って喜びを生み出す。また経済を潤し地域を活性化する。豊かになった社会は、木を伐った跡地に次の世代の木を植え始めるだろう。」(例)

㉚《このように自然界も人間社会も、複雑に絡み合い、お互いに関連し合っている。》
何がどこに関わっているか、十分に解明できないケースも少なくない。
《それを単純化した発想で行動を起こしても、望んでいたような結果を生むとは限らない。》

ここで切っておきます。

㉔《改めて割り箸と森林問題を振り返ると、「木を見て森を見ず」的な発想で登場したもの

だった。》

「改めて」なんだから、「割り箸と森林問題」をもう一回「振り返る」んだ、ということを述べている。

で、次は、

㉕《多くの人は、森林が危機だと聞けば、木が減っている、だから木を伐るのに反対し、目先の木製品を使わない方がよいと考える。》

その「目先の木製品」が、きっと「割り箸」のことなんだよね。それで、その中身は、「少しでも木を使わなければ、伐られる山の木の量が減る、木を伐らなければ森は守れるし、森林があれば二酸化炭素の排出は減る……このような連想が働く。」

それで、「その末端に、割り箸も引っかかったのだ。」となる。つまり、「割り箸」は「森林破壊」だからダメっていうことになった。

この㉕の内容は、「木を伐る」ことは良くないし、ましてそこから「割り箸」を作るなんて、もってのほかだと述べられている。ところが、これは筆者の意見じゃないよね。最後まで読んでいるから、諸君は分かっているよね。つまり、**㉕の内容は、筆者のテーマとは相反する、対照的なものとして紹介されている**ということだ。

そして、次の㉖の「しかし」で、そのテーマについての意見を展開している。自分の意見とは違うものも紹介しておいて、そちらじゃなくって、という感じで自身の意見を述べている。「二項対立になっている」よね。㉕の内容が「ピーナッツ」で、㉖以下のものが「柿の種」だということだよ。順序としても、言いたいことは「後ろ」に持ってくる。

さて、その「しかし」以下の「言いたいこと」についてだけれど、いきなり「割り箸」は悪くない、なんて話にはなっていない。

森林伐採は絶対ダメだっていうような、《環境問題をあまり単純化して考えるのは危険である。》と述べられている。その理由として、《一つの行為には多岐にわたる背景と複雑な関係が潜んでいる。》からだと、説明されているんだね。

そして、㉗から「たとえば」として、以下で具体例を述べている。その具体例は㉘から㉙の最後まで続く。「多岐にわたる背景と複雑な関係」について説明されているんだ。

そして、㉗から㉘、そして㉙へと続く具体例を㉖と㉚が「サンドイッチ」のように挟んで説明しているというわけだ。お分かりかな？

すると㉖の「単純化して考えるのは危険」は、㉚でもう一度、《それを単純化した発想で行動を起こしても、望んでいたような結果を生むとは限らない。》というように、「単純化はダメだ」と繰り返している。
㉖と㉚とで、挟んでいるパンは共通だということだね。

第５講 「カレーライス」を意識する

その１ 「カレーライス理論」とは何か

① カレーライスとは何か

みんなが大好きな「カレーライス」は、日本にはヨーロッパを経由して紹介されたといわれている。最も有力な説は、インドを植民地にしていたイギリス人が日本に持ち込んだ説である。そのためインド風のカレーによる味付けをされながらも、日本では洋食として扱われてきた歴史があるんだね。

日本で最初に紹介されたカレーライスの作り方（『西洋料理指南』という本にレシピが記載されている）には、長ネギやカエル肉（食用ガエル）が使われていたそうだから、驚きだ。

現在、僕たちがふつうに食べている一般的なカレーライスは、ヨーロッパ経由で入ってきたものと、インドから直接伝わったものが合わさって、日本で独自に発展したものらしい。材料は野菜のほか、牛肉、豚肉、鶏肉などがよく使われる（ただしインドでは、ほとんどの国民がヒンズー教徒であるため、牛肉はほとんど使われないらしいよ）。

ところで、関西と関東では、食肉文化の違いからカレーライスも違うって、知ってるかな？　一般的にカレーライスといえば関西では牛肉を使用したビーフカレーライスが、関東では豚肉を使用したポークカレーライスが定番とされているんだよ。

カレーライスが全国に広まることとなった経緯として、「海軍カレーライス説」というのもある。

戦前の海軍では当初、カレーソースには英国式にパンを供していたそうだ。しかし、これは概して不評だったため、ふだん米を食べることが少ない農家出身の兵士たちに白米を食べさせようということもあり、白米にカレーソースを載せたところ好評だったという。そこで、調理が手早くできて肉と野菜の両方がとれるバランスのよい食事として、カレーライスを兵員食に採用した、という。

ただし、英国でもカレーにパンを添えるのは軍隊食の場合であり、普通はライスを添えるのが一般的だそうだ。その後、「除隊した兵士がこのカレーライスを広めたため、全国に知られることになった」というのだ。

なるほどねえ。

現在でも、海上自衛隊の艦船が長い航海に出ている間、曜日の感覚が分からなくなるので、曜日を固定して必ず「カレーライス」を食べることにしているそうだよ。

② **文章理解の方法として、カレーライスをイメージする**

さて、カレーライスは、ライスにカレーをかける（自由軒のごはんとカレーを混ぜた「名物カレー」は除くけど？）ことで完成する。

これは、現代文においては、**カレーをかける前のライスの部分に、作者が文章を執筆する状況が表されている。**――基本的な柱・動機（思想・体験）があって初めて文章化してみようかと思う。

典型

評論……基本とする概念・思想（ライス）＋具体例（カレー）

随想……具体的な体験（ライス）＋体験に基づく考え・思想・概念（カレー）

つまり、**作者が文章にしてみようかと思った、その基本的な動機を把握してみよう**というのが、僕が言う「カレーライス理論」なんだ。

実はここが、文章を読むことの大切なところじゃあないのかなと、僕は思うんだ。

ちなみに、別に「カレーライス」ではなく、たとえば「ハヤシライス」とかでも、よかったんだけどね（具材によって、下のご飯が全部隠れてしまう、「丼」ものは、だめだよ）。

その2 「カレーライス理論」で読んで確認してみよう

それでは、先の文章の続きで、最後のところ㉛から㊵段落を見ていこう。前の内容から続いてくるので、㉚をもう一度載せておきます。

㉚《このように自然界も人間社会も、複雑に絡み合い、お互いに関連し合っている。》何がどこに関わっているか、十分に解明できないケースも少なくない。《それを単純化した発想で行動を起こしても、望んでいたような結果を生むとは限らない。》

㉛《実際に、環境によかれと思って行った行為が、思いもかけぬ結果につながったことも少なくない。》

㉜たとえば(例)[害虫を殺そうと殺虫剤を撒いたら、害虫の天敵も殺してしまうことが多い。また害虫が、薬剤への耐性を身につけて薬が効かなくなることも起こっている。そうなると、殺虫剤を撒けば撒くほど害虫が大発生するという事態になりかねない。

㉝ある特定の植物、あるいは動物を保護したことで、そのほかの動植物が圧迫される事例

も少なくない。荒れ地を緑化しようと、生長の早い草や木を外部から持ち込んで植えた場合、在来の植物を圧迫する可能性がある。これまでなかった植物が繁茂することで、生息する昆虫も変わるだろう。そして悪影響を広げてしまうこともあるのだ。シカを保護しようとオオカミを駆除したら、増えたシカは草を食べ尽くして、飢えて大量死したケースもアメリカで起きた。」(例)

㉞《リサイクル活動も、十分に考えたうえで行わないと逆効果になる。》(たとえば) (例)[再生紙を作るには、紙を繊維にもどすためには莫大なエネルギーを消費するとともに、漂白のための薬品類も必要とする。その排水の処理にも、馬鹿にならないコストがかかる。リサイクルすることによって資源の無駄遣いを抑え環境を改善しようという思いとは別に、往々にして、その過程で多くの環境負荷を生じるのである。

㉟食品の添加物は危険、農薬は危険、といった指摘も、添加物を使わないことで品質の劣化が早く進んだり、無農薬だと虫の食害のため人々の口に入る前に破棄する食物が増える可能性の方が高い。逆に特定の食物の機能性に注目が集まりがちだが、それが極端になると、これさえ食べていれば癌が治るとか、ダイエットできる……という話になる。こうした短絡思想は、結局何ももたらさないだろう。」(例)

㊱《結局、どんな行為でも、そこには必ず利益と不利益が生じる。》片方だけを取り上げるのではなく、《両者を比べて、どちらが総体として有利か十分に検討する必要がある。》《そんな大きな視点を持って判断しなければ、環境問題は理解できない。》《森林と人間社会の関係もその中には含まれる。》

㊲《割り箸も、その大きな広がりと密な結びつきによって存在していることを忘れるべきでないだろう。》たかが割り箸、たかが塗り箸だが、《それらを通して世間を見たら、新たな世界が見えてくるかもしれない。》《小さな木片の後ろには、大きな地球環境と人間社会が広がっているのだから。》

㊳私は、何も割り箸が絶対に必要だと決めつけているわけではない。もしかしたら日本人の食生活自体が大きく変化して、割り箸が廃れて消えてしまう時代が来るかもしれない。それが時代の流れなら、私はとくに抵抗しようと思わない。

㊴しかし、《間違った認識で割り箸が攻撃されるのは不本意

である。》また割り箸を取り巻く歴史や文化が失われるのは残念だと思っている。《何より割り箸自体の価値を、私は高く評価している。》

㊵《小さな木工品が、日本の山を考え、世界の森林を想像し、環境問題までに思いを馳せるきっかけになれば、幸いである。》

——ご苦労さま。これで、全文終了だよ。

ひと休みする前に、文章を振り返っておきましょうか。

㉚は、《自然界も人間社会も、複雑に絡み合い、お互いに関連し合っている。》《単純化した発想で行動を起こしても、望んでいたような結果を生むとは限らない。》という内容でした。

そこで、次の㉛では、《実際に……》として㉜から、具体例を述べ始めています。それは㉝まで続けて、そこでいったん終わらせています。

あらためて、㉞から《リサイクル活動も、十分に考えたうえで行わないと逆効果になる。》として、㉚の後ろの外側部分の《望んでいたような結果を生むとは限らない。》と同じことを述べています。そして、「たとえば」とした具体例を㉟まで続けています。

つまり、㉛《実際に……》＋㉜「たとえば」＋㉞《リサイクル活動も……》＋「たとえば」＋㉟と、見事な「サンドイッチ」状態になっている、ということなんですよね。

ということは、次の㊱は具体例の次だから、何らかの「まとめ」になっているはずです。

ほら、「結局」と、どう考えても「まとめ」の言い方になっていますよね。この㊱は、どこを挟んでいるんだろうか。読んでみて……。

《結局、どんな行為でも、そこには必ず利益と不利益が生じる。》

「どんな行為でも」と、ちょっと大きく振りかぶっちゃってますが、「必ず利益と不利益が生じる」って、「うまくいった」と「そうでもない」がある、ということは、「望んでいた結果を生む」こともあるし「望んでいた結果を生むとは限らない」こともある、ということになるよね。

つまり、㉚とつながっているんだ。

そうすると、この部分をまとめるとね、**〔㉚＋【㉛《実際に……》＋㉜「たとえば」＋㉞《リサイクル活動も……》＋「たとえば」＋㉟】＋㊱〕**となっていて、**大きなサンドイッチの中身も、実はミニサンドだった**、ということなんだ。

そして㊱では、

《両者を比べて、どちらが総体として有利か十分に検討する必要がある。》としている。「利益」「不利益」があって、「望んでいた結果」になるときと、ならないときがあるんだから、「総体」としての判断が「必要」だと言っている。続けて、《そんな大きな視点を持って判断しなければ、環境問題は理解できない。》としている。

これで、「環境問題」に対して、作者なりに結論を示した、ということになった。

㉚《自然界も人間社会も、複雑に絡み合い、お互いに関連し合っている。》
《単純化した発想で行動を起こしても、望んでいたような結果を生むとは限らない。》

＋

㊱《結局、どんな行為でも、そこには必ず利益と不利益が生じる。》
《両者を比べて、どちらが総体として有利か十分に検討する必要がある。》
《そんな大きな視点を持って判断しなければ、環境問題は理解できない。》
《森林と人間社会の関係もその中には含まれる。》

そこで、「割り箸」問題にたどりつくんだ。

㊲《割り箸も、その大きな広がりと密な結びつきによって存在していることを忘れるべきでないだろう。》

《それらを通して世間を見たら、新たな世界が見えてくるかもしれない。》
《小さな木片の後ろには、大きな地球環境と人間社会が広がっているのだから。》

「割り箸」に対しても「総体」としての「大きな視点を持って判断」する必要があるんだ、と。
そして㊳は「柿ピー」のメインを支える「ピーナッツ」として、メインの「柿の種」は㊴の「しかし」以下に述べられる。

㊴ しかし、《間違った認識で割り箸が攻撃されるのは不本意である。》
また割り箸を取り巻く歴史や文化が失われるのは残念だと思っている。
《何より割り箸自体の価値を、私は高く評価している。》

最後の《何より割り箸自体の価値を、私は高く評価している。》が実は、作者の執筆動機ではなかったのかな？ と僕には読める。つまり**カレーライスの「ライス」、主食の部分がこれに当たる。**

「高く評価している」、あの「割り箸」が環境問題の矢面、非難の対象とされることに、作者は疑問を感じたのではなかったのかな。
そこで、環境問題とはどのように接していくべきか、それを実際に行っている「林業」を取り上げてみよう、とか考えたのではないだろうか。

「ライス」を盛って、「カレー」を掛けてみて、一つの皿として見渡してみると、

㊵《小さな木工品が、日本の山を考え、世界の森林を想像し、環境問題までに思いを馳せる》という、結果になったのだろうね。

「カレーライス」には、「カレー」と具材も大切だけれど、「ライス」（ご飯）が本当に美味しく炊けていないと、もー、本当に美味しくないんだからね!!

現代文「読解のレシピ」【練習編】

第1講　5つの理論を全部使ってみよう

その1　新しい文章に取り組もう

さて、新しい文章に挑戦して、僕のすすめる「**シュークリーム理論**」で一つの段落の最初と最後は《　》でくくり、文頭に来たりする接続詞や途中に出てくる副詞の仲間「**スパイス**」は（　）でくくり、「**柿ピー**」や「**カレーライス**」理論を意識して、その「たとえば」の言葉や文末には〰〰をつけ、「**サンドイッチ理論**」で、具体例と分かる箇所には、「(例)　　(例)」を書き入れてみよう。

次の文章は山本健吉著の「日本の庭について」という内容で、個人的な趣味もあるのですが、例題として『**二〇〇七年度の大学入試センター試験**』に出題された「国語」の問題を選びました。漢字問題は正解を入れて、傍線部は取りあえず削除してあります。設問にとらわれることなく、まずは、じっくりと読んでみて欲しいんだ。

では、健闘を祈るよ。

＊

日本の庭は時間とともに変化し、推移することが生命なのだ。ある形を凍結させ、永久に動かないようにとの祈念を籠《こ》めた、記念碑的な造型が、そこにあるわけではない。不変の形を作り出すことが芸術の本質なら、変化を生命とする日本の庭は、およそ芸術と言えるかどうか。これは少なくとも、ヨーロッパ式の芸術理念とは違った考えに基づいて、作り出され存在しているもののように思われる。

私たち日本人の多くは、少なくとも戦後の住宅難からアパート暮らし、団地暮らし、マンション暮らしが一般化するまでは、規模の大小にかかわらず、日本式の庭または庭らしい空間を伴った家に住んでいた。庭らしい空間というのは、庭を持たない家でも、物干し場や張り出しの手摺《てす》りや軒下などの僅《わず》かな空間を利用しては、鉢植や盆栽を並べたり、蜜柑《みかん》箱や石油缶などに土を入れてフラワー・ボックスに仕立てたり、庭の代用物を作ることに執心するいじましい心根を持っているからである。

そういう心根の大本をたずねると、日本人が古来、人間の生活と自然とを連続したものと受け取り、自然を対象化して考える傾向のなかったことに気づく。それは征服すべき対象ではなく、その中に在って親和関係を保つべきものであった。あるいは草木鳥獣虫魚から地水火風に到《いた》るあらゆるものと、深い「縁」を結ぶことによって生きるという考え方である。それらの生物も無機物も、あるいは自然界のあらゆるものを、魂と命とを持ったものとして心を通わせ、畏《おそ》れ親しんだアニミズムの思想、あるいは心情があった。

ヨーロッパ式の庭園は、左右相称で、幾何学的図形をなしている花壇や、やはり幾何学的図形を石組で作り出し、中央に噴水を出した泉水や、丸く刈り込んだ樹木や大理石その他の彫刻を置いた、よく手入れされた芝生など、人間の造型意志をはっきり示しているところに特色がある。それは最初に設計した人の手を離れた時、一つの完成に達しているのであって、その後手入れさえ施していればそのまま最初の形を保持して行くことが出来ると考えた。

庭園において動かない造型を作り出すということは、彫刻や絵画や建築や、ヨーロッパ流の芸術理念を作り出しているそれらのジャンルに準じて、庭園も考えられているということである。

ところが、日本では作庭をも含めて、ことに中世期にその理念を確立したもろもろの芸術――たとえば茶や生花や連歌・俳諧《はいかい》など――においては、永遠不変の造型を願わないばかりか、一瞬の生命の示現を果たしたあとは、むしろ消え去ることを志向している。不変とは、ピンで刺した揚羽蝶《あげはちょう》の標本のように、そのまま死を意味する。それに反して変化こそ、生なのである。西洋の多くの芸術が志向するものが永遠に変わることのない、美しい堅固な形であるなら、日本のある種の芸術が志向するものは移って止《や》まぬ生命の輝きなのである。生命が日本の芸術、この場合は日本の庭の、根本に存在する標《しる》しなのだ。

私はそれら日本の芸術家たちに、自分の作品を永遠に残そうという願いが、本当にあったかどうかを疑う。ヨーロッパ流の芸術観では、芸術とは自然を素材にして、それに人工を加えることで完成に達せしめられた永遠的存在なのだから、造型し構成し変容せしめようという意志がきわめて強い。それが芸術家の自負するに足る創造であって、それによって象徴的に、彼等《かれら》自身が永生への望みを達するのである。

造型意志が極端に弱いのが、日本の芸術である。日本における美の使徒たちに、そのような意志が微弱にしか育たなかったのは、やはり日本人が堅固な石の家にでなく、壊れやすく朽ちやすく燃えやすい木の家に住んでいることに由来しているかも知れない。彼等は自分たちの生のあかしとしての造型物を、後世に残そうなどとは心がけなかった。

たとえば、生花とは造型なのか。たとえそこにいくらかの造型的要素があったとしても、それが生花の生命であり、目標であるのか。馬鹿《ばか》らしい。彫刻や絵画が永遠の造型を目ざしているのに、花というはかない素材で何を造型しうるというのか。一ときの美しさを誇ってたちまち花は散るのである。散るからこそ花は美しく、そこに生きた花の短い命との一期《いちご》の出会いを愛惜することが出来る。造型ではなく、花の命を惜しむことが、生花の極意である。

あるいはまた、主《あるじ》と客とが一室に対座して、一服の茶を喫することに、形を残そうとの願いがいささかでも認められようか。茶室や茶庭や茶碗《ちゃわん》や茶匙《ちゃさじ》や茶掛《ちゃがけ》（注1）などに、ある造型が認められるとしても、それが茶の湯の目的なのではない。一服の茶を媒介として、そこに美しく凝縮し純化した時間と空間とが作り出されたら、それは客に取っても主に取っても、何物にも替えがたい最高度の悦楽で、それこそ生涯の目標とするに足る、輝かしい生命の発露、一期《いちご》一会《いちえ》の出会いであった。

造型意志を極小にまで持って行った文学は、十七字の発句《ほっく》であろう。だが、芭蕉は発句よりも連句（注2）に、自分の生きがいを覚えた。連句はそれこそ自分一個のはからいを極微に止《とど》めて、あとはなりゆく自然のままに自分を委《ゆだ》ねてしまった文学なのだ。座の雰囲気の純一化が

連句を付け合う者たちの楽しみであって、文台引き卸せば即ち反古《ほうぐ》（注3）とは、芭蕉の日ごろの覚悟であった。残された懐紙は、座の楽しみの粕《かす》に過ぎなかった。自己を没却し、自然のままに随順し、仲間と楽しみを一つにするところに、やはり茶会と同じ、一期一会の歓《よろこ》びがあった。

では庭は、どのような意味で、日本の芸術であったのか。

日本の代表的な庭園とされている一つに、龍安寺《りょうあんじ》方丈（注4）の石庭がある。一樹一草も使わず、大小十五の石が五十余坪（注5）の地に置かれ、一面に白砂を敷きつめただけの庭で、庭全体が海面の体相をなし、巌《いわお》が島嶼《とうしょ》に準《なぞら》えられ、一見する者は誰《だれ》しも精神の緊張を覚える。この庭は外国人にもひどく感動を与えるらしく、ことにアメリカにはこの形を模した石庭がいくつも作られているという。だが、それが龍安寺の石庭と似ても似つかぬものであったとしても、致し方もない。

石庭といえば、日本の庭の代表のように言われているのは、どういう理由によるのだろう。この庭の絶賛者の一人に志賀直哉氏がある。氏は言う。「これ程に張り切った感じの強い、広々した庭を自分は知らない。然《しか》しこれは日常見て楽しむ底《てい》の庭ではない。楽しむにしては余りに厳格すぎる。しかも吾々《われわれ》の精神はそれを眺める事によって不思議な歓喜踊躍《ようやく》を感ずる」（『龍安寺の庭』）。

大正十三年に書かれたこの文章が、この庭を一躍有名にし、その後賛美者の列がつづき、中には石の配置にことさらな意味づけを見出《みいだ》そうとする哲学好きも多かった。私もまた、志賀氏の文章によって、龍安寺の庭の美を知った一人だが、論者のその意味づけのうるささに何時《いつ》か嫌悪を覚えるようになり、これが果たして日本の庭を代表する傑作なのかと、いくばくの疑いを抱くようになった。

志賀氏はまた次のように言っている。「相阿弥《そうあみ》（注6）が石だけの庭を残して置いて呉《く》れた事は後世の者には幸いだった。木の多い庭ではそれがどれだけ元の儘《まま》であるか後世では分からない。例えば本法寺（注7）の光悦（注8）の庭でも中の『八ッ橋（注9）』を信じられるだけで、他は信じられない。そういう意味で龍安寺の庭程《ほど》原形を失わぬ庭は他《ほか》にないだろう。此庭《この》では吾々は当時のままでそれを感ずる事が出来る」（同）。

この一文は、石庭を相阿弥の作と想定して、ほぼその最初に作られたままの姿で今日といえども存在していることを、今日の鑑賞家である自分たちにとって幸いだとしているのである。変化してやまぬ草木が一本もないのだから、作者が最初に置いた石の配置さえ動かさなければ、それは原形を失っていないはずだし、それを相阿弥の庭としてまじり気なく受け取ることが出来ることになる。

だが志賀氏はここで、作者（相阿弥と想定して）の意図が、そのままの形で今日のわれわれに伝わることを、どうして幸いとしたのであろう。ここにはやはり、永遠不変の記念碑的な造型物を志向するヨーロッパ流の芸術理念の上に、飽くまでも作者の個の表現としての作品を重んずる近代風の考えが重なっているのではなかろうか。そのような点から考えれば、龍安寺の石庭は、変化することのない堅固な素材だけで作られていて、それはヨーロッパ風の芸術理念から言っても、何等《なんら》躓《つまず》きとなる要素はない。だが、日本の庭の多くは、作られた瞬間に、歳月による自然の変化に委ねられ、その結果庭は日々に成熟を加えて行く。言わばそれは、芭蕉の言葉にあるように、「造化にしたがひ、造化にかへる」(『笈《おい》の小文』)ことを理想としている。芸術という熟語はアートの訳語として作られたものだが、術の字はやはり手わざであり、人工であって、造化(自然)に随《したが》うという東洋古来の理念を含んでいない。

この庭は一定の空間を切り取ってその中に石を配置し、それを方丈から見るものとして対象化したところに成立している。それは見るためだけの庭であって、その意味では額縁によって切り取られた絵と変わりはない。だが日本の多くの庭は、主の生活に融《と》けこんで、その中に自由に出入りすることの出来る空間であって、見るものとして対象化された作品ではない。生命を持ち、変化する草木を一本も植えこんでいないこの庭は、思わくありげな、抽象的図形で、たまたま客人として鑑賞する立場に立てば、誰しも一種の緊迫した気分に誘いこまれるだろう。だが、この寺に住まい、朝夕この庭と対している住持の立場に立てばどうなのか。このような、つねに人に非常の時間を持することを強い、日常の時間に解放することのない緊張した空間に堪えるには、人は眼《め》を眠らせるより仕方がない。それは毎日それと共にあるには、あまりに息づまるような、窮屈きわまる庭なのである。日本の多くの庭の、人の気持をくつろがせ、解き放ち、嬉戯《きぎ》の心を全身にみなぎらせてゆくような要素が、ここにはない。志賀氏が「これは日常見て楽しむ底の庭ではない。楽しむにしては余りに厳格すぎる」と言ったのは、この間の機微を言っているものだと思う。庭が人の住む建築物に付属するものであるかぎり、この非日常性は例外と言うべきである。

（山本健吉「日本の庭について」による）

（注）

１　茶掛――茶席に掛ける掛軸など。

２　連句――五・七・五の長句と、七・七の短句を一定の法則の下に交互に付け連ねる俳諧の一形式。

３　文台引き卸せば即ち反古――文台は句会の中心となる台で、短冊や懐紙をのせる。反古は用済みの紙。

４　龍安寺方丈――龍安寺は京都市にある臨済宗の寺。方丈は、住持（住職）の居間。

5 坪――土地面積の単位。一坪は、約三・三平方メートル。
6 相阿弥――室町後期の画家で、造園にもすぐれていた。
7 本法寺――京都市にある日蓮宗の寺。
8 光悦――本阿弥光悦。江戸初期の美術家・工芸家。
9 八ッ橋――ここでは、本法寺にある、池に沿って八角形に敷石を並べたものを指す。

＊

お疲れさま。
わかった人も、そうでなかった人も、中身を忘れないうちに、振り返ってみますか。

この、大学入試センター試験に出された長文を、改行ごとに⑲の形式段落に分けて、考えていくことにしよう。
まずは、①からね。

①《日本の庭は時間とともに変化し、推移することが生命なのだ。》
ある形を凍結させ、永久に動かないようにとの祈念を籠《こ》めた、記念碑的な造型が、そこ

にあるわけではない。不変の形を作り出すことが芸術の本質なら、変化を生命とする日本の庭は、およそ芸術と言えるかどうか。

《これは少なくとも、ヨーロッパ式の芸術理念とは違った考えに基づいて、作り出され存在しているもののように思われる。》

――「シュークリーム理論」にしたがって、最初と最後の一文をしっかりと把握したいところだね。ところで、最後の一文なんだけれど、「これ」とは「日本の庭」なのだろうけれど、それと「違った」のが「ヨーロッパ式」のものだとしている。

つまり、「柿ピー」の匂いがしてこないかい？　「二つのことを対立」させて、論じていこうとする姿勢が見えるよね。注意しよう。

②（例）「私たち日本人の多くは、少なくとも戦後の住宅難からアパート暮らし、団地暮らし、マンション暮らしが一般化するまでは、規模の大小にかかわらず、《日本式の庭または庭らしい空間を伴った家に住んでいた。》

庭らしい空間というのは、庭を持たない家でも、物干し場や張り出しの手摺《てす》りや軒下などの僅《わず》かな空間を利用しては、鉢植や盆栽を並べたり、蜜柑《みかん》箱や石油缶などに土を入れてフラワー・ボックスに仕立てたり、《庭の代用物を作ることに執心するいじましい心根を

持っているからである。》」（例）

――この②は、実は正直、僕もどうしようか迷った。《私たち日本人の多くは……住んでいた》と《庭らしい……からである》として、「シュークリーム理論」でまとめようかなと。

ただし、二つの文章からでしかできていないのに、これでは何が大切かわからないかな、として、②全体を「日本人」の「庭」に対する具体例として扱い、そのなかで、とくに大切と思われる箇所を《　》でくくってみました。

最後が「からである」となっていますが、順序を逆にすると、すっきりと行くのではないでしょうか。

《庭の代用物を作ることに執心するいじましい心根を持っているから》《日本式の庭または庭らしい空間を伴った家に住んでいた。》

どうですか？　すっきりしたでしょう。

次の③は、

《そういう心根の大本をたずねると、日本人が古来、人間の生活と自然とを連続したものと受け取り、自然を対象化して考える傾向のなかったことに気づく。》

それは征服すべき対象ではなく、《その中に在って親和関係を保つべきものであった。》

あるいは草木鳥獣虫魚から地水火風に到《いた》るあらゆるものと、深い「縁」を結ぶことによって生きるという考え方である。

《それらの生物も無機物も、あるいは自然界のあらゆるものを、魂と命とを持ったものとして心を通わせ、畏《おそ》れ親しんだアニミズムの思想、あるいは心情があった。》

――なので、最初と最後の「シュークリーム理論」と「スパイス理論」の「逆接」の次に注目すればいいでしょう。

ここで、次の④の「ヨーロッパ式の……」からみても、

①説明＋②具体例＋③説明と「日本人の庭」について述べられている、見事な「サンドイッチ理論」が成立するね。

さて、それでは④に、いってみましょうか。

④《ヨーロッパ式の庭園は、左右相称で、幾何学的図形をなしている花壇や、やはり幾何学的図形を石組で作り出し、中央に噴水を出した泉水や、丸く刈り込んだ樹木や大理石その他の彫刻を置いた、よく手入れされた芝生など、人間の造型意志をはっきり示しているところに特色がある。》

《それは最初に設計した人の手を離れた時、一つの完成に達しているのであって、その

後手入れさえ施していればそのまま最初の形を保持して行くことが出来ると考えた。》

続いて⑤も、

⑤《庭園において動かない造型を作り出すということは、彫刻や絵画や建築や、ヨーロッパ流の芸術理念を作り出しているそれらのジャンルに準じて、庭園も考えられているということである。》

これで「ヨーロッパの庭」の説明になって、「①～③」と「④～⑤」は「柿ピー理論」が当てはまる。おそらくは「日本の庭」が主役の「柿の種」で、「ヨーロッパの庭」が脇役の「ピーナッツ」でしょう。もちろん、このあとで、話の内容は「日本の庭」に戻さないといけないから、次には当然、「ところが」が来るんだね。

⑥ ところが、《日本では作庭をも含めて、ことに中世期にその理念を確立したもろもろの芸術——たとえば茶や生花や連歌・俳諧《はいかい》など——においては、永遠不変の造型を願わないばかりか、一瞬の生命の示現を果たしたあとは、むしろ消え去ることを志向している。》

不変とは、ピンで刺した揚羽蝶《あげはちよう》の標本のように、そのまま死を意味する。それに反して変化こそ、生なのである。西洋の多くの芸術が志向するものが永遠に変わることのない、美しい堅固な形であるなら、日本のある種の芸術が志向するものは移って止《や》まぬ生命の輝きなのである。《生命が日本の芸術、この場合は日本の庭の、根本に存在する標《しる》しなのだ。》

「ところが」以下の部分は、一文が長いので、簡単にすると、

日本では作庭をも含めて、ことに中世期にその理念を確立したもろもろの芸術においては、――**主部。**

永遠不変の造型を願わないばかりか、一瞬の生命の示現を果たしたあとは、むしろ消え去ることを志向している――**述部。**

④「そのまま最初の形を保持して行くことが出来る」や、⑤の「動かない造形」などの「ヨーロッパ流の芸術理念」とは対照的な、「むしろ消え去ることを志向している」が説明されているね。

そして、最後の一文は、

《生命が日本の芸術、この場合は日本の庭の、根本に存在する標《しる》しなのだ。》

と、まとめられている。

この「生命」とは直前の「移って止《や》まぬ生命」のことであって、やはり「ヨーロッパ」の「動かな

い」「保持」とは対照的になっているのが確認できるだろう。

⑦は、最初だけが「日本」について、

《私はそれら日本の芸術家たちに、自分の作品を永遠に残そうという願いが、本当にあったかどうかを疑う。》――日本。

その後は、「ヨーロッパ」について。

《ヨーロッパ流の芸術観では、芸術とは自然を素材にして、それに人工を加えることで完成に達せしめられた永遠的存在なのだから、造型し構成し変容せしめようという意志がきわめて強い。》

真ん中の一文だけれど、「だから」を用いて、わざわざ理由を説明しているのだから、大切な部分として《 》でくくったよ。

そして、同様のまとめが最後の一文だね。

《それが芸術家の自負するに足る創造であって、それによって象徴的に、彼等《かれら》自身が永生への望みを達するのである。》

⑧は、冒頭に「しかし」があったほうが、より明確にはなると思うんだけれど、

《造型意志が極端に弱いのが、日本の芸術である。》

《彼等は自分たちの生のあかしとしての造型物を、後世に残そうなどとは心がけなかった。》

と、「シュークリーム理論」で把握できるよね。

「後世に残そうなどとは心がけなかった」も、しっかりと「ヨーロッパ」と対照となっている。

そこで次には、この「日本」の特徴である「造形意識が弱い」と「造形物を、後世に残そうなどとは心がけなかった」ことについて、具体例でもって説明しているのが、⑨〜⑪なんだ。ざっと、目を通してね。

⑨　たとえば、(例)「生花とは造型なのか。たとえそこにいくらかの造型的要素があったとしても、それが生花の生命であり、目標であるのか。馬鹿《ばか》らしい。彫刻や絵画が永遠の造型を目ざしているのに、花というはかない素材で何を造型しうるというのか。一ときの美しさを誇ってたちまち花は散るのである。散るからこそ花は美しく、そこに生きた花の短い命との一期《いちご》の出会いを愛惜することが出来る。造型ではなく、花の命を惜しむことが、生花の極意である。

⑩　あるいはまた、主《あるじ》と客とが一室に対座して、一服の茶を喫することに、形を残そうとの願いがいささかでも認められようか。茶室や茶庭や茶碗《ちゃわん》や茶匙《ちゃさじ》や茶掛《ちゃかけ》（注1）などに、あ

る造型が認められるとしても、それが茶の湯の目的なのではない。一服の茶を媒介として、そこに美しく凝縮し純化した時間と空間とが作り出されたら、それは客に取っても主に取っても、何物にも替えがたい最高度の悦楽で、それこそ生涯の目標とするに足る、輝かしい生命の発露、一期一会《いちごいちえ》の出会いであった。

⑪ 造型意志を極小にまで持って行った文学は、十七字の発句《ほっく》であろう。だが、芭蕉は発句よりも連句（注2）に、自分の生きがいを覚えた。連句はそれこそ自分一個のはからいを極微に止《とど》めて、あとはなりゆく自然のままに自分を委《ゆだ》ねてしまった文学なのだ。座の雰囲気の純一化が連句を付け合う者たちの楽しみであって、文台引き卸せば即ち反古《ほうぐ》（注3）とは、芭蕉の日ごろの覚悟であった。残された懐紙は、座の楽しみの粕《かす》に過ぎなかった。自己を没却し、自然のままに随順し、仲間と楽しみを一つにするところに、やはり茶会と同じ、一期一会の歓《よろこ》びがあった。」(例)

——「日本」の芸術理念が表れているものとして「生花」「茶の湯」「俳諧」が取り上げられた。そろそろ、話を「庭」にもどさなければね。

⑫《では庭は、どのような意味で、日本の芸術であったのか。》

⑬《日本の代表的な庭園とされている一つに、龍安寺《りょうあんじ》方丈（注４）の石庭がある。》
一樹一草も使わず、大小十五の石が五十余坪（注５）の地に置かれ、一面に白砂を敷きつめただけの庭で、庭全体が海面の体相をなし、巌《いわお》が島嶼《とうしょ》に準《なぞら》えられ、一見する者は誰《だれ》しも精神の緊張を覚える。

この庭は外国人にもひどく感動を与えるらしく、ことにアメリカにはこの形を模した石庭がいくつも作られているという。

だが、《それが龍安寺の石庭と似ても似つかぬものであったとしても、致し方もない。》

——この⑬の最初の一文はいいんだけれど、最後は逆接で「ピリリ」ときて、《　》でくくっておきましたが、あまり重要とは思えない。話が「アメリカ」だし、「致し方ない」ことの理由もあたりにはないからね。

まっ、気にせずに、次へ行きましょう。

⑭《石庭といえば、日本の庭の代表のように言われているのは、どういう理由によるのだろう。》
（例）「この庭の絶賛者の一人に志賀直哉氏がある。氏は言う。「これ程に張り切った感じの強

い、広々した庭を自分は知らない。然《しか》しこれは日常見て楽しむ底《てい》の庭ではない。楽しむにしては余りに厳格すぎる。しかも吾々《われわれ》の精神はそれを眺める事によって不思議な歓喜踊躍《ようやく》を感ずる」（『龍安寺の庭』）。（例）」

――ここは、すべて「志賀直哉」の手による「龍安寺の庭」についての文章だよね。「庭」についての評価の具体例として捉えればいいでしょう。

具体例のあとには、ちゃんと抽象的に説明してくれているよね。

⑮《大正十三年に書かれたこの文章が、この庭を一躍有名にし、その後賛美者の列がつづき、中には石の配置にことさらな意味づけを　見出《みいだ》そうとする哲学好きも多かった。》

私もまた、志賀氏の文章によって、龍安寺の庭の美を知った一人だが、《論者のその意味づけのうるささに何時《いつ》か嫌悪を覚えるようになり、これが果たして日本の庭を代表する傑作なのかと、いくばくの疑いを抱くようになった。》

――初めの《　》は世間一般の意見、評価であり、あとの「だが」の後ろに来るのが作者の意見。もちろん、作者は自分の意見を重要として主張したいはずだから、「逆接」の次に、しかも後ろにもってきた。

また、次には、再び「志賀直哉」の意見を具体例として紹介して、どうやらそれと対照となる自身の意見を主張しようとしている。

⑭と同様に、具体例として、「(例)　」(例)で、くくりました。

⑯「(例)志賀氏はまた次のように言っている。「相阿弥《そうあみ》（注6）が石だけの庭を残して置いて呉《く》れた事は後世の者には幸いだった。木の多い庭ではそれがどれだけ元の儘《まま》であるか後世では分からない。例えば本法寺（注7）の光悦（注8）の庭でも中の『八ッ橋（注9）』を信じられるだけで、他は信じられない。そういう意味で龍安寺の庭程《ほど》原形を失わぬ庭は他《ほか》にないだろう。此《この》庭では吾々は当時のままでそれを感ずる事が出来る」（同）。」(例)

――やはり⑮と同様に、作者が解説・説明しているのが、次の⑰だね。

⑰《この一文は、石庭を相阿弥の作と想定して、ほぼその最初に作られたままの姿で今日といえども存在していることを、今日の鑑賞家である自分たちにとって幸いだとしているのである。》

《変化してやまぬ草木が一本もないのだから、作者が最初に置いた石の配置さえ動かさなければ、それは原形を失っていないはずだし、それを相阿弥の庭としてまじり気なく

受け取ることが出来ることになる。》

――これらの「志賀直哉」の石庭に対する評価に、どうも作者は違和感があるようで、それを次の⑱で疑問を提示する形で、自分の考えを述べています。終わりのほうになってきたので、じっくりと読み込もう。

⑱だが《志賀氏はここで、作者（相阿弥と想定して）の意図が、そのままの形で今日のわれわれに伝わることを、どうして幸いとしたのであろう。》《ここにはやはり、永遠不変の記念碑的な造型物を志向するヨーロッパ流の芸術理念の上に、飽くまでも作者の個の表現としての作品を重んずる近代風の考えが重なっているのではなかろうか。》

そのような点から考えれば、龍安寺の石庭は、変化することのない堅固な素材だけで作られていて、それはヨーロッパ風の芸術理念から言っても、何等《なんら》躓《つまず》きとなる要素はない。

――「どうして……であろう」とまで、わざわざ疑問形にしたのは、作者がそれに対する回答をすでに持っているからなんだ。その回答になっているんだから、重要な一文だよね。《　》で、くくるよ。それは、「志賀直哉」の評価は「ヨーロッパ流の芸術理念の上」のことだ。つまり、その庭は「作者の個の表現」であり、「変化することのない」ものとして評価できるのだ、と著者は言っているんだね。
これは、根本的に「日本の庭」とは違うよね。

だから、⑱の続きでは、

だが、《日本の庭の多くは、作られた瞬間に、歳月による自然の変化に委ねられ、その結果庭は日々に成熟を加えて行く。》

――と説明する。

(例)「言わばそれは、芭蕉の言葉にあるように、「造化にしたがひ、造化にかへる」（『笈《おい》の小文』）ことを理想としている。」(例)

――と具体例も入れている。

《芸術という熟語はアートの訳語として作られたものだが、術の字はやはり手わざであり、人工であって、造化（自然）に随《したが》うという東洋古来の理念を含んでいない。》

――「東洋古来の理念」ではなく、「ヨーロッパの理念」だとしている。
どうやら、「龍安寺の石庭」は、志賀直哉は評価しているけれど、作者としては、「日本の庭」としては別物で、むしろ、「ヨーロッパの理念」での評価なのだと言いたいようだね。

さて、最後の段落になりました。

⑲《この庭は一定の空間を切り取ってその中に石を配置し、それを方丈から見るものとして対象化したところに成立している。》

それは見るためだけの庭であって、その意味では額縁によって切り取られた絵と変わりはない。

――「この庭」は当然、「龍安寺の石庭」のことだよね。具体的に「この」と指摘してきたのは「龍安寺」しかないものね。

その特徴をあらためて説明しています。それを「柿ピー理論」で把握すると、「だが」として、今回のテーマの「日本の庭」について説明している。

だが《日本の多くの庭は、主の生活に融《と》けこんで、その中に自由に出入りすることの出来る空間であって、見るものとして対象化された作品ではない。》

――「この庭」は「対象化したところに成立」として、「日本の庭」は「見るものとして対象化された作品ではない」と、完全に対照的に述べているのが分かるね。

そして再び、「この庭」についての説明だ。

　生命を持ち、変化する草木を一本も植えこんでいないこの庭は、思わくありげな、抽象的図形で、たまたま客人として鑑賞する立場に立てば、誰しも一種の緊迫した気分に誘いこまれるだろう。

――「客人」として「緊張した気分に誘いこまれる」としている。すると、「客人」でない、「住まい」とする「住持の立場」としては、どうだろう、として疑問を投げかけている。

　だが、《この寺に住まい、朝夕この庭と対している住持の立場に立てばどうなのか。》

その回答としては、

　このような、つねに人に非常の時間を持することを強い、日常の時間に解放することのない緊張した空間に堪えるには、人は眼《め》を眠らせるより仕方がない。

　それは毎日それと共にあるには、あまりに息づまるような、窮屈きわまる庭なのである。

――つまり「住持の立場」としては「緊張」するし、「息づまるような、窮屈きわまる」となってしまう。

とすると、本来の「日本の庭」としては、別物ということだね。「龍安寺の庭」は……。

日本の多くの庭の、人の気持をくつろがせ、解き放ち、嬉戯《きぎ》の心を全身にみなぎらせてゆくような要素が、ここにはない。

（例）「志賀氏が「これは日常見て楽しむ底の庭ではない。楽しむにしては余りに厳格すぎる」と言ったのは、この間の機微を言っているものだと思う。」（例）

として、最後は、

《庭が人の住む建築物に付属するものであるかぎり、この非日常性は例外と言うべきである。》

——とまとめている。

お疲れさまだね。もう、今日のところは、ここで終了してくれても、いいからね。

どちらにしても、休憩してください。

その2 設問に取り組もう

内容が、把握（なんとなく、でいいんだよ）できたから、実際の「大学入試センター試験問題」（二〇〇七年度）で出題された、設問に取り組んでみましょう。

ただし、まずは選択肢なしで、どんな解答になりそうなのか考えて読んでみて欲しいんだ。

もう一度、先の本文を読んでおきましょう（ただし、こんどは傍線部の問いを追加してあるし、読解を助けるように、19の段落番号と、僕の5つの理論のマークも書き加えてあるよ）。

①《日本の庭は時間とともに変化し、推移することが生命なのだ。》ある形を凍結させ、永久に動かないようにとの祈念を籠《こ》めた、記念碑的な造型が、そこにあるわけではない。不変の形を作り出すことが芸術の本質なら、変化を生命とする日本の庭は、およそ芸術と言えるかどうか。《これは少なくとも、ヨーロッパ式の芸術理念とは違った考えに基づいて、作り出され存在しているもののように思われる。》

②（例）「私たち日本人の多くは、少なくとも戦後の住宅難からアパート暮らし、団地暮らし、マンション暮らしが一般化するまでは、規模の大小にかかわらず、《日本式の庭または庭ら

しい空間を伴った家に住んでいた。》庭らしい空間というのは、庭を持たない家でも、物干し場や張り出しの手摺《てす》りや軒下などの僅《わず》かな空間を利用しては、鉢植や盆栽を並べたり、蜜柑《みかん》箱や石油缶などに土を入れてフラワー・ボックスに仕立てたり、《庭の代用物を作ることに執心するいじましい心根を持っているからである。》（例）

③《そういう心根の大本をたずねると、日本人が古来、人間の生活と自然とを連続したものと受け取り、自然を対象化して考える傾向のなかったことに気づく。》それは征服すべき対象ではなく、《その中に在って親和関係を保つべきものであった。》あるいは草木鳥獣虫魚から地水火風に到《いた》るあらゆるものと、深い「縁」を結ぶことによって生きるという考え方である。《それらの生物も無機物も、あるいは自然界のあらゆるものを、魂と命とを持ったものとして心を通わせ、畏《おそ》れ親しんだアニミズムの思想、あるいは心情があった。》

④《ヨーロッパ式の庭園は、左右相称で、幾何学的図形をなしている花壇や、やはり幾何学的図形を石組で作り出し、中央に噴水を出した泉水や、丸く刈り込んだ樹木や大理石その他の彫刻を置いた、よく手入れされた芝生など、人間の造型意志をはっきり示しているところに特色がある。》《それは最初に設計した人の手を離れた時、一つの完成に達しているのであって、その後手入れさえ施していればそのまま最初の形を保持して行くことが出来ると考えた。》

⑤《庭園において動かない造型を作り出すということは、彫刻や絵画や建築や、ヨーロッパ

流の芸術理念を作り出しているそれらのジャンルに準じて、庭園も考えられているということである。》

⑥ところが、《日本では作庭をも含めて、ことに中世期にその理念を確立したもろもろの芸術——たとえば茶や生花や連歌・俳諧《はいかい》など——においては、永遠不変の造型を願わないばかりか、一瞬の生命の示現を果たしたあとは、むしろ消え去ることを志向している。》不変とは、ピンで刺した揚羽蝶《あげはちょう》の標本のように、そのまま死を意味する。それに反して変化こそ、生なのである。西洋の多くの芸術が志向するものが永遠に変わることのない、美しい堅固な形であるなら、日本のある種の芸術が志向するものは移って止《や》まぬ生命の輝きなのである。《生命が日本の芸術、この場合は日本の庭の、根本に存在する標《しる》しなのだ。》

⑦《私はそれら日本の芸術家たちに、自分の作品を永遠に残そうという願いが、本当にあったかどうかを疑う。》《ヨーロッパ流の芸術観では、芸術とは自然を素材にして、それに人工を加えることで完成に達せしめられた永遠的存在なのだから、A造型し構成し変容せしめようという意志がきわめて強い。》《それが芸術家の自負するに足る創造であって、それによって象徴的に、彼等《かれら》自身が永生への望みを達するのである。》

⑧《造型意志が極端に弱いのが、日本の芸術である。》日本における美の使徒たちに、そのような意志が微弱にしか育たなかったのは、やはり日本人が堅固な石の家にでなく、壊れやすく朽ちやすく燃えやすい木の家に住んでいることに由来しているかも知れない。《彼

等は自分たちの生のあかしとしての造型物を、後世に残そうなどとは心がけなかった。》

⑨　たとえば、［(例)生花とは造型なのか。たとえそこにいくらかの造型的要素があったとしても、それが生花の生命であり、目標であるのか。馬鹿《ばか》らしい。彫刻や絵画が永遠の造型を目ざしているのに、花というはかない素材で何を造型しうるというのか。一ときの美しさを誇ってたちまち花は散るのである。散るからこそ花は美しく、そこに生きた花の短い命との一期《いちご》の出会いを愛惜することが出来る。B造型ではなく、花の命を惜しむことが、生花の極意である。

⑩　あるいはまた、主《あるじ》と客とが一室に対座して、一服の茶を喫することに、形を残そうとの願いがいささかでも認められようか。茶室や茶庭や茶碗《ちゃわん》や茶匙《ちゃさじ》や茶掛《ちゃがけ》（注1）などに、ある造型が認められるとしても、それが茶の湯の目的なのではない。一服の茶を媒介として、そこに美しく凝縮し純化した時間と空間とが作り出されたら、それは客に取っても主に取っても、何物にも替えがたい最高度の悦楽で、それこそ生涯の目標とするに足る、輝かしい生命の発露、一期一会《いちごいちえ》の出会いであった。

⑪　造型意志を極小にまで持って行った文学は、十七字の発句《ほっく》であろう。だが、芭蕉は発句よりも連句（注2）に、自分の生きがいを覚えた。連句はそれこそ自分一個のはからいを極微に止《とど》めて、あとはなりゆく自然のままに自分を委《ゆだ》ねてしまった文学なのだ。座の雰囲

気の純一化が連句を付け合う者たちの楽しみであって、文台引き卸せば即ち反古《ほうぐ》（注３）とは、芭蕉の日ごろの覚悟であった。残された懐紙は、座の楽しみの粕《かす》に過ぎなかった。自己を没却し、自然のままに随順し、仲間と楽しみを一つにするところに、やはり茶会と同じ、一期一会の歓《よろこ》びがあった。」(例)

⑫《では庭は、どのような意味で、日本の芸術であったのか。》

⑬《日本の代表的な庭園とされている一つに、龍安寺《りょうあんじ》方丈（注４）の石庭がある。》一樹一草も使わず、大小十五の石が五十余坪（注５）の地に置かれ、一面に白砂を敷きつめただけの庭で、庭全体が海面の体相をなし、巌《いわお》が島嶼《とうしょ》に準《なぞら》えられ、一見する者は誰《だれ》しも精神の緊張を覚える。この庭は外国人にもひどく感動を与えるらしく、ことにアメリカにはこの形を模した石庭がいくつも作られているという。だが、《それが龍安寺の石庭と似ても似つかぬものであったとしても、致し方もない。》

⑭《石庭といえば、日本の庭の代表のように言われているのは、どういう理由によるのだろう。》「(例)Ｃこの庭の絶賛者の一人に志賀直哉氏がある。氏は言う。「これ程に張り切った感じの強い、広々した庭を自分は知らない。然《しか》しこれは日常見て楽しむ底《てい》の庭ではない。楽しむにしては余りに厳格すぎる。しかも吾々《われわれ》の精神はそれを眺める事によって不思議な歓喜踊躍《ようやく》を感ずる」（『龍安寺の庭』）。」(例)

⑮《大正十三年に書かれたこの文章が、この庭を一躍有名にし、その後賛美者の列がつづき、中には石の配置にことさらな意味づけを見出《みいだ》そうとする哲学好きも多かった。》私もまた、志賀氏の文章によって、龍安寺の庭の美を知った一人だが、《論者のその意味づけのうるささに何時《いつ》か嫌悪を覚えるようになり、これが果たして日本の庭を代表する傑作なのかと、いくばくの疑いを抱くようになった。》

⑯［(例)志賀氏はまた次のように言っている。「相阿弥《そうあみ》（注6）が石だけの庭を残して置いて呉《く》れた事は後世の者には幸いだった。木の多い庭ではそれがどれだけ元の儘《まま》であるか後世では分からない。例えば本法寺（注7）の光悦（注8）の庭でも中の『八ッ橋（注9）』を信じられるだけで、他は信じられない。そういう意味で龍安寺の庭程《ほど》原形を失わぬ庭は他《ほか》にないだろう。此《この》庭では吾々は当時のままでそれを感ずる事が出来る」（同）。］(例)

⑰《この一文は、石庭を相阿弥の作と想定して、ほぼその最初に作られたままの姿で今日といえども存在していることを、今日の鑑賞家である自分たちにとって幸いだとしているのである。》《変化してやまぬ草木が一本もないのだから、作者が最初に置いた石の配置さえ動かさなければ、それは原形を失っていないはずだし、それを相阿弥の庭としてまじり気なく受け取ることが出来ることになる。》

⑱ だが《志賀氏はここで、作者（相阿弥と想定して）の意図が、そのままの形で今日のわれわれに伝わることを、どうして幸いとしたのであろう。》《ここにはやはり、永遠不変の

記念碑的な造型物を志向するヨーロッパ流の芸術理念の上に、飽くまでも作者の個の表現としての作品を重んずる近代風の考えが重なっているのではなかろうか。》そのような点から考えれば、龍安寺の石庭は、変化することのない堅固な素材だけで作られていて、それはヨーロッパ風の芸術理念から言っても、何等《なんら》躓《つまず》きとなる要素はない。だが、《日本の庭の多くは、作られた瞬間に、歳月による自然の変化に委ねられ、その結果庭は日々に成熟を加えて行く。》［(例)言わばそれは、芭蕉の言葉にあるように、「造化にしたがひ、造化にかへる」（『笈《おい》の小文』）ことを理想としている。」(例)《芸術という熟語はアートの訳語として作られたものだが、術の字はやはり手わざであり、人工であって、造化（自然）に随《したが》うという東洋古来の理念を含んでいない。》

⑲《この庭は一定の空間を切り取ってその中に石を配置し、それを方丈から見るものとして対象化したところに成立している。》それは見るためだけの庭であって、その意味では額縁によって切り取られた絵と変わりはない。だが《日本の多くの庭は、主の生活に融《と》けこんで、その中に自由に出入りすることの出来る空間であって、見るものとして対象化された作品ではない。》生命を持ち、変化する草木を一本も植えこんでいないこの庭は、思わくありげな、抽象的図形で、たまたま客人として鑑賞する立場に立てば、誰しも一種の緊迫した気分に誘いこまれるだろう。だが、《この寺に住まい、朝夕この庭と対している住持の立場に立てばどうなのか。》このような、つねに人に非常の時間を持することを強い、

日常の時間に解放することのない緊張した空間に堪えるには、人は眼《め》を眠らせるより仕方がない。それは毎日それと共にあるには、あまりに息づまるような、窮屈きわまる庭なのである。日本の多くの庭の、人の気持をくつろがせ、解き放ち、嬉戯《きぎ》の心を全身にみなぎらせてゆくような要素が、ここにはない。［志賀氏が「これは日常見て楽しむ底の庭ではない。楽しむにしては余りに厳格すぎる」と言ったのは、この間の機微を言っているものだと思う。］《庭が人の住む建築物に付属するものであるかぎり、Dこの非日常性は例外と言うべきである。》

（山本健吉「日本の庭について」による）

（注）

1 茶掛――茶席に掛ける掛軸など。

2 連句――五・七・五の長句と、七・七の短句を一定の法則の下に交互に付け連ねる俳諧の一形式。

3 文台引き卸せば即ち反古――文台は句会の中心となる台で、短冊や懐紙をのせる。反古は用済みの紙。

4 龍安寺方丈――龍安寺は京都市にある臨済宗の寺。方丈は、住持（住職）の居間。

5　坪――土地面積の単位。一坪は、約三・三平方メートル。
6　相阿弥――室町後期の画家で、造園にもすぐれていた。
7　本法寺――京都市にある日蓮宗の寺。
8　光悦――本阿弥光悦。江戸初期の美術家・工芸家。
9　八ッ橋――ここでは、本法寺にある、池に沿って八角形に敷石を並べたものを指す。

――さて、実際の試験問題の設問を考えていこう！（問１は漢字問題なので、ここでは略している）。

【問2】傍線部A「造型し構成し変容せしめよう」とあるが、それはどういうことか。

これは、⑦の段落の）傍線部の直接な説明を求められている。つまりは、傍線部を別の言葉で言い換えれば、ほぼ説明になるということだよね。

どのような要素・内容（言葉）が必要になるのかを、一つずつ拾っていけば解答は作れることになる。

まずは傍線部の分析をしなくちゃね。最初に、「**主語**」は何かを考えてみよう。「何が」もしくは「何についてが」、「A造型し構成し変容せしめよう」なのか？　同じ一文の中に、「ヨーロッパ流の芸術観では」とあるから、傍線部Aは「**ヨーロッパ流の芸術観**」についてだと分かる。

次に、傍線部の中身についてだけれど、「**何を**」造型し、構成し、変容せしめるんだろう？

これも、同じ一文の中に「自然を素材にして、それに人工を加えることで完成に達せしめ」とあるところから、「**自然を**」「A造型し構成し変容せしめよう」としているのだと分かる。

ちなみに今の部分では、「それ（自然）に人工を加える」とか「完成に達せしめる」とあったよね。「**自然に人工を加える**」と、「**自然**」**は元々の姿から**「**造型され**」「**構成され**」「**変容せしめ**」**られることになる**。

よし、傍線部の説明には、「**自然に人工を加える**」は必要なようだね。それに、「**一つの**『**完成**』**したものにもなる**」という点も解答に入れてもいいかもね。

さて、傍線部と傍線部を含む一文を見終わったら、そこから同じような内容が書かれている別の箇所や、他の段落から、解答に含めるべき内容を拾っていこう。

傍線部Aは、何についての話だったろうか。そうだね、「ヨーロッパ流の芸術観では」でした。それでは、その「ヨーロッパの芸術観」について述べられていた段落はどこだったろうか。段落をさかのぼって、まずは《 》でくくった文章を押さえていくと、④と⑤がそれにあたるよね。で、中身はというと——。

④《ヨーロッパ式の庭園は……人間の造型意志がはっきりと……》とあり、傍線部Aの「造型し」と一致する。

ただ、この④の最初の《 》は、けっこう具体的な庭の作りについて述べているので、後の《 》を見てみよう。すると、《……設計した人の手……一つの完成に達している……そのまま最初の形を保持して行くことが出来ると考えた》とあり、傍線部Aの直前の「人工を加えることで完成に達せしめられた永遠的存在」と一致する。

⑤《庭園において動かない造型を作り出すということ……》も同じだね。

ちなみに主には「日本の芸術」について述べている⑥においても、「柿ピー理論」から捉えると、「日本の芸術」の「柿の種的内容」に対して、「ピーナッツ的内容」として、「西洋の多くの芸術が志向するものが永遠に変わることのない、美しい堅固な形」とあるので、そこも加えてもいいよね。

さて、それでは、【問2】の解答に必要な要素をまとめよう。

1「自然に人工を加える」とか「人の手による設計」
2「一つの完成に達する」
3「最初の形を保持して行く」とか「永遠的存在とする」とか「永遠に変わることのない」
くらいかな。
では、次の設問の選択肢から、正解を選んでください。
① 変化し続ける自然を作品として凍結することにより、一瞬の生命の示現を可能にさせようとすること。
② 時間とともに変化する自然に手を加え、永遠不変の完結した形をそなえた作品を作り出そうとすること。
③ 常に変化する自然と人間の生活との親和性に注目し、両者を深い「縁」で結んだ形の作品を創造しようとすること。
④ 変化こそ自然の本質だとする考えを積極的に受け入れ、消え去った後も記憶に残る作品

を作り上げようとすること。

⑤　芸術家たちの造型意志によって、自然の素材の変化を生かしつつ、堅固な様式の作品に再構成しようとすること。

必要な要素がしっかり、一番多く含まれている**正解は、もちろん②**だよね。

じゃあ、次の傍線部に行ってみよう！

【問３】　傍線部Ｂ「造型ではなく、花の命を惜しむことが、生花の極意である」とあるが、筆者は、この生花に続けて、茶の湯、連句の例を挙げている。それは「一期の出会い」を踏まえた上で、日本の芸術のどのような点を強調するためか。

この設問は具体例の一つである「生花」についての段落（⑨）に傍線を引いて、他の「茶の湯」「俳諧」も含めて、その具体例の働き、作者の目的を問うているものだね。

まずは、傍線部の分析だ。

傍線部だけで、とりあえずは完結しているよね。「生花の極意」とは「造型ではなく、花の命を惜しむこと」だと。その「花の命を惜しむこと」とは、傍線部直前の「生きた花の短い命との一期の出会いを哀惜すること」と説明がある。

この「一期の出会い」というのが、「日本の芸術」においては、重要とされているのだね。

だから、次の⑩「茶の湯」の段落の最後の一文の後半の部分に、「それは客に取っても主に取っても……輝かしい生命の発露、一期一会の出会いである」と説明がある。

そして⑪の「俳諧（連句）」でも、これまた、最後の最後に「やはり茶会と同じ、一期一会の歓びがあった」とされている。

なるほど、「日本の芸術」においてはこの「一期一会」が大切なのは、具体例から理解できるのだが、これだけでは解答を作る要素には入れられないよね。すでに設問に「『一期一会』を踏まえた上で」とあるからなんだ。

この「踏まえて」とはどうすることなのか。なかなか難しいけれど、「一期一会」の内容も含めて、「他を考えなさい」くらいの理解は必要です。

「日本の芸術」の具体例としての「生花」「茶の湯」「俳諧（連句）」において、「一期一会」が大切な要素だということを、作者は強調しています。

さて、他はどうでしょう？　ここで「サンドイッチ理論」を思い出してほしい。具体例の前後には、その説明があるはずだよね。

⑨〜⑪までの具体例のあとは⑫で、さすがに説明とはなっていないけれども、⑨の「たとえば」の直前の⑧にはそれがあるはず。⑧で「シュークリーム理論により《　》でくくった一文は、

《造型意志が極端に弱いのが、日本の芸術である。》

《彼等は自分たちの生のあかしとしての造型物を、後世に残そうなどとは心がけなかった。》だね。その内容とは？

これは「ヨーロッパ流の芸術観」と、「柿ピー理論」で考えても「日本の芸術」は対照になっていた。つまり「造型意志」によって「ヨーロッパ流」の《それが芸術家の自負するに足る創造であって、それによって象徴的に、彼等《かれら》自身が永生への望みを達するのである。》（⑦の最後）とは違い、「日本の芸術」は「自分たちの生のあかしとしての造形物」には執着しないものだ、ということですね。

とすると、**解答の要素としての「日本の芸術」の特徴とは、**

1 「造型意志が極端に弱い」

2 「造型意志とは芸術家の生のあかしとなるもの」

3「造型物を後世に残そうとしない」となるだろう。

それでは、1～3の要素が含まれている選択肢として、正解を選んでください。

①　花の命の短さ、茶の湯の主客の対座、連句の中の発句のもつ十七字という極小の単位などにしぼって、芸術における簡素さを強調するため。

②　生花をともに愛《め》でる場、茶の湯の主客の対座、連句の座のうちの楽しい雰囲気を取り上げて、芸術における人間関係の豊かさを強調するため。

③　花の短い命、茶の湯の対座、連句を楽しむ時間の短さに注目して、表現された形よりも芸術における刹那《せつな》性を強調するため。

④　花の短い命と向き合うことと、茶の湯の対座、仲間で作り合う連句の座とを重ねて、芸術における個の表現意識の弱さを強調するため。

⑤　生花、茶の湯、連句を、人と物、人と人とが出会う場の価値にかかわらせて、芸術にお

ける空間性そのものを強調するため。

正解は、「芸術家としての生のあかし」である「造型意志」が「個の表現意識」として、④となります。

【問４】　傍線部Ｃ「この庭の絶賛者の一人に志賀直哉氏がある」とあるが、志賀が絶賛したのはなぜだと筆者は考えているか。

傍線部Ｃは段落⑭の中で、「(例)　」(例)とした部分に引かれているね。さて、「傍線部の問題の解答の方法」は、そう、ひと通りだったよね。

そこで、まずは傍線部の分析をする。傍線部自体の分析は、これ以上、別の言葉で言い換えることはできないので、その内容を押さえておきましょう。

「志賀直哉」が絶賛している実際の文章は、引用として「　」でくくられている『龍安寺の庭』のことだよね。

⑭に一つと、あと⑯にそれが書かれている。⑭も⑯もその引用は、志賀直哉という人の庭についての評価の一つの具体例として扱いました。よって⑯も、「(例)　」(例)でくくっています。

ここで、その［（例）　］（例）を詳しく見てもいいんだけれど、「傍線部問題の解答の方法」として次に考えなければならないのは、設問要求をとらえておくことです。

設問の要求は「志賀直哉の絶賛した内容」についてではなく、「志賀が絶賛したのはなぜだと筆者は考えているか」です。つまり、「志賀の考え」ではなく、「筆者の考え」ということです。言い換えると、**「志賀の考え」という具体例を引用して、「筆者の考え」を求めているん**だね。

ということは、「具体例」＋「説明」（筆者の考え）という、「サンドイッチ理論」を参考にすれば、どこに「筆者の考え」があるかも分かるよね。

⑭「具体例」＋⑮「説明」＋⑯「具体例」＋⑰「説明」だから、「志賀の考え」を⑮と⑰で「説明」しているということだね。ただ、ちょっと自分の意見なんかも、はいってますけどね。

解答に必要な要素を、まとめておきましょう。

- 龍安寺の庭は美しい（⑮）
- 日本の庭を代表する傑作かどうか疑問を抱く（⑮）
- ほぼ最初に相阿弥が作ったままの姿で今日残されていることが、幸い（評価できる）（⑰）
- 相阿弥の庭としてまじり気なく受け取ることが出来る（⑰）

――くらいでしょうか。

ここで「柿ピー理論」の登場です。

いまの⑮のなかで、「日本の庭を代表する傑作かどうか疑問を抱く」も入れておきました。そこから、**筆者の意見は「志賀の考え」とは異なるんだ**ということが分かりますよね。

だって⑭〜⑰まで「志賀の考え」が続いて、次の⑱で「**だが**」ときている。⑱からは「志賀の考え」（ピーナッツ）を受けて、「自分の考え」（柿の種）を展開しています。

しかも冒頭では「《志賀氏は……どうして……であろうか》」とわざわざ、疑問形にまでして、まず「志賀氏の考え」に触れてから次に再び、「だが」として「自分の考え」を述べています。

冒頭の疑問に対する回答をしっかり見ておきましょう。

⑱ ……ここにはやはり、永遠不変の記念碑的な造型物を志向するヨーロッパ流の芸術理念の上に、あくまでも作者の個の表現としての作品を重んずる近代風の考えが重なっているのではなかろうか。

そのような点から考えれば、龍安寺の石庭は、変化することのない堅固な素材だけで作られていて、それはヨーロッパ風の芸術理念から言っても、何等《なんら》躓《つまず》きとなる要素はない。

――最初の「ここには」は、直前の「志賀氏はここで幸いとした」点くらいでいいでしょう。

志賀氏が絶賛（幸いとした）のは、

1「永遠不変の記念碑的な造型物を志向するヨーロッパ流の芸術理念の上」からの評価である。

2「作者の個の表現としての作品を重んずる近代風の考え」に基づいた評価である。

というくらいでしょうか。さて、これが設問の解答に必要な要素ということです。

では、解答を選択肢から選んでください。

①　石と白砂だけが配置された庭の幾何学的な構図に、日本の庭には珍しいヨーロッパ的芸術理念の精巧な模倣を見出したからだと、筆者は考えている。

②　石と白砂だけに素材を限った簡潔で緊張した造型に、日本の芸術理念とヨーロッパの芸術理念との幸福な出会いを確認したからだと、筆者は考えている。

③　石と白砂だけの一見無造作に見える景物の配置に、かえって切り取られた空間としての庭本来の魅力を強く感じたからだと、筆者は考えている。

④　石と白砂だけで作り出された庭の純粋な空間の潔さに、一期一会の歓びにすべてをかける作者の覚悟を直感したからだと、筆者は考えている。

⑤　石と白砂だけで実現された空間の造型性に、それを創造した作者の強固な意図がそのまま息づいていることを発見したからだと、筆者は考えている。

正解は、⑤です。

「ヨーロッパ的芸術理念」があるからといって、惑わされて①や②を選択しては、だめだよ。

僕が示した「2」の要素がしっかりとはいっているのは、どれかを見てよ。

【問5】　傍線部D「この非日常性は例外と言うべきである」とあるが、それはどういうことか。

この問いは、⑲段落目の傍線部自体の説明だよね。

それでは、傍線部の分析といきましょう。

「この非日常性」ですが、傍線部直前の「[(例)志賀氏が……思う。](例)」の中に、「これは日常見て楽しむ底の庭ではない」があるよね。

「これ」は「日常」の「庭」ではない、という内容です。つまり「非日常性」ですよね。ちなみに「これ」とは**「龍安寺の庭」**のことだね。話題はずっと、この庭の話だよ。

次に「例外」なんだけれど、まず語句の意味は大丈夫？

一般的なもの（例）から外れる、という意味だよね。では、一般的なもの（例）とはなんだろう？

ここで、「シュークリーム理論」を用いよう。

⑲段落は比較的長いんだけれど、重要な点をまず押さえよう。傍線部Dは最後の部分なんだから、「最初も」ということだよ。

⑲《この庭は一定の空間を切り取ってその中に石を配置し、それを方丈から見るものとして対象化したところに成立している。》それは見るためだけの庭であって、その意味では額縁によって切り取られた絵と変わりはない。

――⑲の最初は、このように書かれている。「この庭」「それ」とは「龍安寺の石庭」のことだね。

次に、**「だが」**が来て、自分の意見を述べているよ。

だが《日本の多くの庭は、主の生活に融《と》けこんで、その中に自由に出入りすることの出来る空間であって、見るものとして対象化された作品ではない。》

――「日本の多くの庭」というのが、おそらく「一般的」ということでしょう。しかも「主の生活に融《と》けこんでいる」とあるよ。つまり**「生活」という「日常」にあるもの**ということだ。

「龍安寺の石庭」――非日常――例外

⇔

「日本の多くの庭」――日常の生活――一般的

と、まとめられるよね。

さて、この段階でも解答を作ることはできるのだが、どっこい、この設問は最後のまとめとしての役割、つまり全体の内容が理解できているかを確かめたいものなんだ。

よって「龍安寺の石庭」と「日本の多くの庭」についての内容を、ここでもう一度復習しておく必要があるんだ。思い出してよ。でも、ベースは「シュークリーム理論」と「スパイス理論」と「サンドイッチ理論」を使うといいね。

「龍安寺の石庭」――非日常――例外

《日本の代表的な庭園とされている一つに、龍安寺《りょうあんじ》方丈(注4)の石庭がある。》⑬

「石庭を相阿弥の作と想定して、ほぼその最初に作られたままの姿で今日といえども存在していることを、今日の鑑賞家である自分たちにとって幸いだとしている」⑰

「ここにはやはり、永遠不変の記念碑的な造型物を志向するヨーロッパ流の芸術理念の上に、飽くまでも作者の個の表現としての作品を重んずる近代風の考えが重なっている」⑱

《この庭は一定の空間を切り取ってその中に石を配置し、それを方丈から見るものとして対象化したところに成立している。》⑲

⇔

「日本の多くの庭」――日常の生活――一般的

《日本の庭は時間とともに変化し、推移することが生命なのだ。》①

「ヨーロッパ式の芸術理念とは違った考えに基づいて、作り出され存在している」①

「日本人が古来、人間の生活と自然とを連続したものと受け取り、自然を対象化して考える傾向のなかった」③

「日本では作庭をも含めて、ことに中世期にその理念を確立したもろもろの芸術……永遠不変の造型を願わないばかりか、一瞬の生命の示現を果たしたあとは、むしろ消え去ることを志向している」⑥

《造型意志が極端に弱いのが、日本の芸術である。》⑧

《彼等は自分たちの生のあかしとしての造型物を、後世に残そうなどとは心がけなかった。》⑧

ちょっとごてごて並んじゃいましたが、とくに「日本の多くの庭」の要素について、作者の考えを少しまとめてみようか。

「時間とともに変化、推移」
「人間の生活と自然はつながっているという考えに基づく」
「むしろ消え去るのもよしとする」
「作者個人の造型意志は弱い」
「作者個人の生のあかしとして残そうとは思っていない」

では、**【問5】**の解答の選択肢にいってみますか。

① 日本の庭が、本来、変化を生命とし、そこに一期一会の歓びをもたらすものであるなら、龍安寺方丈の石庭は、不変の様式美という芸術理念を追い求めるがゆえに、例外と位置づけられるということ。

② 日本の庭が、本来、歳月による自然の変化に委ねられるものであるなら、龍安寺方丈の石庭は、相阿弥の庭として揺るぎない個の表現であるがゆえに、例外的に芸術の本道と位

置づけられるということ。

③　日本の庭が、本来、自然のたたずまいと一体化し、人をくつろがせるものであるなら、龍安寺方丈の石庭は、緊張感をもって見ることを強いるがゆえに、例外と位置づけられるということ。

④　日本の庭が、本来、人工でありながら自然に従うものであるなら、龍安寺方丈の石庭は、ヨーロッパ風の芸術理念に即応した造型美のゆえに、例外的に芸術の本道と位置づけられるということ。

⑤　日本の庭が、本来、四季の変化に人の生命のはかなさを感じさせるものであるなら、龍安寺方丈の石庭は、草木主体ではなく、生命なき石や砂からなる様式美のゆえに、例外と位置づけられるということ。

正解は③ですね。②も一見、正解のように見えるけれど、最後（「芸術の本道と位置づけられる」）が著者の意見とは異なるから不正解なんだね。

――これで、傍線部からによる設問は終わりです。

ですが、この年の大学入試センター試験問題にも、全体を見渡しての、構成・表現の問題がついていました。まずは次の問いです。

【問6】　本文は、空白行によって前後に分けられているが、本文の内容や展開の説明として最も適当なものを、次の①～⑤のうちから一つ選べ。

――前半後半というのは、段落⑫までと、⑬からのことだよ。めんどうだけれども、前半後半それぞれ、復習しておきますか。

「シュークリーム理論」で拾った、《　　》でくられている一文だけで見てみよう。大事な文章が《　　》なのだから、およその内容は、充分これだけで把握できるはずだよね。

前半（①～⑫）

①《日本の庭は時間とともに変化し、推移することが生命なのだ。》

《これは少なくとも、ヨーロッパ式の芸術理念とは違った考えに基づいて、作り出され存在しているもののように思われる。》

②《日本式の庭または庭らしい空間を伴った家に住んでいた。》
《庭の代用物を作ることに執心するいじましい心根を持っているからである。》
③《そういう心根の大本をたずねると、日本人が古来、人間の生活と自然とを連続したものと受け取り、自然を対象化して考える傾向のなかったことに気づく。》
《その中に在って親和関係を保つべきものであった。》
《それらの生物も無機物も、あるいは自然界のあらゆるものを、魂と命とを持ったものとして心を通わせ、畏《おそ》れ親しんだアニミズムの思想、あるいは心情があった。》
——ここまでで、日本の庭についてと、生活と自然の結びつきという、特徴も説明されているよね。
④《ヨーロッパ式の庭園は、左右相称で、幾何学的図形をなしている花壇や、やはり幾何学的図形を石組で作り出し、中央に噴水を出した泉水や、丸く刈り込んだ樹木や大理石その他の彫刻を置いた、よく手入れされた芝生など、人間の造型意志をはっきり示しているところに特色がある。》
《それは最初に設計した人の手を離れた時、一つの完成に達しているのであって、その後手入れさえ施していればそのまま最初の形を保持して行くことが出来ると考えた。》
⑤《庭園において動かない造型を作り出すということは、彫刻や絵画や建築や、ヨーロッパ

流の芸術理念を作り出しているそれらのジャンルに準じて、庭園も考えられているということである。》

――ここまでが、ヨーロッパの庭園とそれを生み出した芸術理念なんかも紹介されているね。次に「ところが」があって、日本の庭から日本の芸術の話、理念に移っていきます。

⑥《日本では作庭をも含めて、ことに中世期にその理念を確立したもろもろの芸術――たとえば茶や生花や連歌・俳諧《はいかい》など――においては、永遠不変の造型を願わないばかりか、一瞬の生命の示現を果たしたあとは、むしろ消え去ることを志向している。》

《生命が日本の芸術、この場合は日本の庭の、根本に存在する標《しる》しなのだ。》

⑦《私はそれら日本の芸術家たちに、自分の作品を永遠に残そうという願いが、本当にあったかどうかを疑う。》

《ヨーロッパ流の芸術観では、芸術とは自然を素材にして、それに人工を加えることで完成に達せしめられた永遠的存在なのだから、A造型し構成し変容せしめようという意志がきわめて強い。》

《それが芸術家の自負するに足る創造であって、それによって象徴的に、彼等《かれら》自身が永生への望みを達するのである。》

⑧《造型意志が極端に弱いのが、日本の芸術である。》
《彼等は自分たちの生のあかしとしての造型物を、後世に残そうなどとは心がけなかった。》
⑨　たとえば、…………（略）。
⑫《では庭は、どのような意味で、日本の芸術であったのか。》
――⑨の「たとえば」では、具体的に日本の芸術理念の特徴が現れているものを、説明として補足していましたね。

さて、後半だよ。

⑬《日本の代表的な庭園とされている一つに、龍安寺《りょうあんじ》方丈（注4）の石庭がある。》
《それが龍安寺の石庭と似ても似つかぬものであったとしても、致し方もない。》
⑭《石庭といえば、日本の庭の代表のように言われているのは、どういう理由によるのだろう。》
⑮《大正十三年に書かれたこの文章が、この庭を一躍有名にし、その後賛美者の列がつづき、中には石の配置にことさらな意味づけを見出《みいだ》そうとする哲学好きも多かった。》
《論者のその意味づけのうるささに何時《いつ》か嫌悪を覚えるようになり、これが果たして日本

の庭を代表する傑作なのかと、いくばくの疑いを抱くようになった。》

――「龍安寺の石庭」が日本の代表とすることに疑問を感じている。そして、「石庭」を評価する「志賀直哉」の考えを分析してみることになる。

⑰《この一文は、石庭を相阿弥の作と想定して、ほぼその最初に作られたままの姿で今日といえども存在していることを、今日の鑑賞家である自分たちにとって幸いだとしているのである。》

《変化してやまぬ草木が一本もないのだから、作者が最初に置いた石の配置さえ動かさなければ、それは原形を失っていないはずだし、それを相阿弥の庭としてまじり気なく受け取ることが出来ることになる。》

⑱《志賀氏はここで、作者（相阿弥と想定して）の意図が、そのままの形で今日のわれわれに伝わることを、どうして幸いとしたのであろう。》

《ここにはやはり、永遠不変の記念碑的な造型物を志向するヨーロッパ流の芸術理念の上に、飽くまでも作者の個の表現としての作品を重んずる近代風の考えが重なっているのではなかろうか。》

――ここで、一つの結論が出ているよね。そして、本来の日本の庭について触れている。

《日本の庭の多くは、作られた瞬間に、歳月による自然の変化に委ねられ、その結果庭は日々に成熟を加えて行く。》

《芸術という熟語はアートの訳語として作られたものだが、術の字はやはり手わざであり、人工であって、造化（自然）に随《したが》うという東洋古来の理念を含んでいない。》

⑲《この庭は一定の空間を切り取ってその中に石を配置し、それを方丈から見るものとして対象化したところに成立している。》

《日本の多くの庭は、主の生活に融《と》けこんで、その中に自由に出入りすることの出来る空間であって、見るものとして対象化された作品ではない。》

《この寺に住まい、朝夕この庭と対している住持の立場に立てばどうなのか。》

――最後の最後に、もう一度結論を述べて終了としている。

《庭が人の住む建築物に付属するものであるかぎり、Dこの非日常性は例外と言うべきである。》

前半・後半の内容がだいたいつかめたならば、それでは**【問6】の答え**の選択肢を見てみましょうか。

① 前半では日本の庭とヨーロッパの庭との差異を芸術理念の面から説明し、後半では一転して、感性の面から龍安寺の石庭を代表とする日本の庭とヨーロッパの庭との共通性に光を当てている。

② 前半ではヨーロッパの芸術理念と日本の芸術理念とを比較対照し、それを踏まえて後半では日本の芸術理念から見れば、龍安寺の石庭は日本の庭の例外として位置づけられると論じている。

③ 前半ではヨーロッパとは異なる日本の芸術の一般的な特徴について紹介し、その上で後半では両者の芸術理念の共通点に普遍性を認めつつ、龍安寺の石庭が日本の代表的な庭園たり得る理由を説明している。

④ 前半では庭以外の生花・茶道・連句などの芸術分野に広く触れているが、後半では日本の庭のみを取り上げ、特に龍安寺の石庭が日本の芸術理念を集約したものだとする論理展開になっている。

⑤　前半ではヨーロッパと日本の芸術理念を比較して抽象的に論じているが、それに対して後半では日本の庭を例に挙げ、龍安寺の石庭が例外的に永遠不変性を得たことを具体的に論じている。

――正解は②、ですよね。

ちなみに、残りの4つが、なぜ不正解かを見ておこう。

①は、「後半では一転して」以下の「感性の面から」が違うし、「日本の庭とヨーロッパの庭との共通性に光を当てて」いないから、間違いだ。

③は、「後半では両者の芸術理念の共通点に普遍性を認めつつ」もおかしいし、「龍安寺の石庭が日本の代表的な庭園たり得る」も間違いだよね。

④は、どうでしょう。「後半では……特に龍安寺の石庭が日本の芸術理念を集約したものだ」は、全然だめだよね。

⑤は「抽象的に論じている」が引っかかるよね。だって、⑨～⑪の具体例はそれなりにボリュームもあるものね。

それに、「後半では日本の庭を例に挙げ、龍安寺の石庭が例外的に永遠不変性を得たことを具体的に論じている」というのはどうだろう?

「日本の庭を例に挙げ」っていっても、例外の「龍安寺の庭」しかないし、「例外的に永遠不変性を得た」というのも、どちらかと言うと「志賀直哉」の意見であって、作者の趣旨とは異なるよね。

さぁ、どうでしたか？
いやー、お疲れさんでしたね。よく頑張りましたね。休んでください。

現代文「読解のレシピ」【番外編】

第1講 選択肢問題は「焼き鳥理論」でやっつけろ

その1 「焼き鳥理論」とは？

君たちはまだまだ、焼き鳥屋でお酒を飲んだりはできない年齢なのですが、食事くらいはしたことがあるかな。

でも、「焼き鳥」はもちろん知っていると思います。僕の学校の文化祭では、クラスからの模擬店で毎年必ず「焼き鳥」の屋台が出店されるよ。一本の串に「鶏肉」を幾つか刺して、それを「タレ」を漬けたりして焼くんだよね。

【番外編】として、その焼き鳥を使って選択肢問題をやっつける読解理論を紹介しようと思う。

その「鶏肉」の部分というのは、それなりの「焼き鳥専門店」では何種類の鶏の部位が用意されているんだ。一般的に「焼き鳥」といわれるのは、鶏のモモ肉だ。肉と脂が混ざっているんだ。熱で脂がジクジク溢れてきて、それが滴って炭火からは、いい香りもする。あー、よだれが……。

ただ、僕もそれほど「焼き鳥」の種類に詳しくないので、簡単に代表的なものだけ挙げておくね。

・ムネ……肉質は柔らかいのだけれど、脂分はすくなめ。
・モモ……脂がのっていて、僕はけっこう好きです。焼き鳥以外にも、イタリアンでは「小悪魔風」で食べたり、唐揚げなんかもいいよね。
・軟骨……コリコリ感がいいよね。
・皮……僕は一番好きかな。
・ネギま……もともとは、マグロの「ま」から転じて、葱と鶏の串になったらしい。
・レバー……肝臓だよね。鉄分とビタミンAが豊富。
・ハツ……心臓。プリプリした食感だね。
・砂ずり……歯が無い鶏は、石や砂をそのまま飲み込んでしまう。この臓器の筋肉がすりつぶすそうだ。よって、筋繊維が発達して堅め。
・つくね……肉を団子や棒状にしたもの。ニンニク、生姜、味噌、胡麻などを挽肉に混ぜたもの。ある意味、お店の味が試せるよね。

ほかにも、串になっていないものでも、焼き鳥は、手羽先なんかも美味しいよね。鶏だって、生きていたものなので、可能な限り、すべてしっかりと使ってあげないとね。食べ尽くしてあげないと。ある意味、成仏させてあげないといけない。これはお肉だけでなく、野菜だって同じなんだよ。植物だって立派な生き物なんだから……。

（そういう意味で、僕は、正直、お残しするような人は、あんまり信用しない。残すなら、初めから頼まないことだものね）

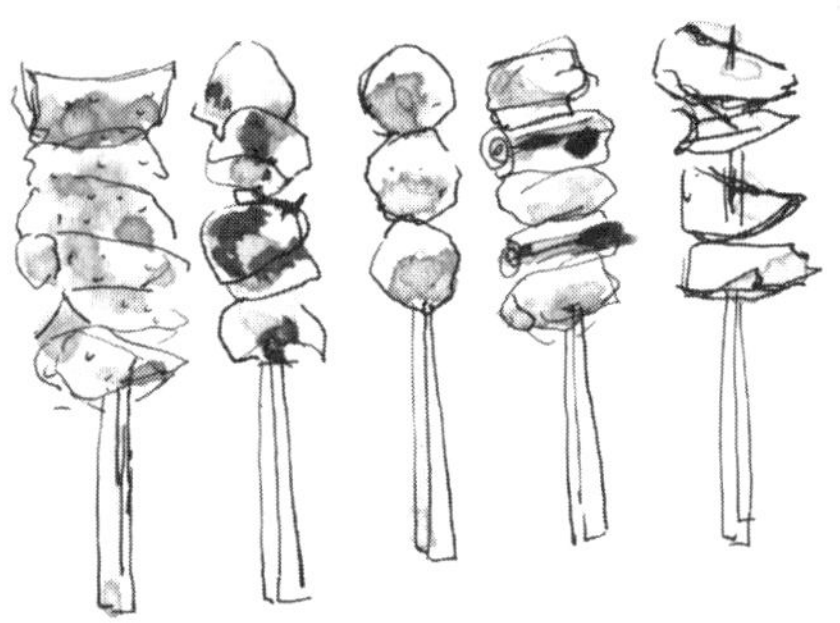

——さて、話を「選択肢」に戻しましょう。

実は「選択肢」というのは、幾つかの内容が集まって、できあがっている。

その一つひとつの内容が本文のものとは違っていたり、合致していたり、触れられていなかったり、するわけだ。

一つの文章（たまには二つの文章からの場合もある）という、串に、鶏のある部分が幾つか刺さっている姿と、どう、近いでしょ？

つまり、「選択肢」には、ポイントになる箇所（内容）がセンター試験なんかの場合は、2から4つくらいある。一つひとつの部分をしっかりと噛みしめながら、分析すれば、正解は自ずと分かる、ということだよ。

焼鳥屋の親父さんに、**「皮」を注文した**とする。僕の隣の客がすでに、その大きめの皮がひと串に4つ刺さったのを美味しそうに食べていたからね。

さて、ここで、僕の前に「皮が4つ刺さった串」が運ばれてくれば、これは正解。

「おじさん、間違ってるでぇー」とか「何か、違うんちゃうん?」というのが来たときは不正解。

どんな、クレームをつけなければいけない串が来るか。

さて、いろいろあるんだよ。

Ⅰ 「つくね」が来た!

注文とは異なるものが来た。立派な文句のつけようのない「つくね」だ。でも、だめだよね。

つまり、設問(注文)の要求に合致していない選択肢。本文中の別のところでは合致するのだから、意外と見逃して、正解にしちゃう。「つくね、でね。まっ、いいかっ」と……。でも、ダメです。

Ⅱ 「皮+皮+ムネ+葱」が来た!

なんだか、こんがらがったものだね。最初の二つしか正解じゃあない。

一つひとつはメニューにあるものだけれど、完成品ではないよね。本文中には確かにあるけれど、設問の要求とは別のものだ。「おっちゃん、ええ加減にしーやー」となる。

Ⅲ　「皮＋皮＋チョコ＋餃子」が来た！

焼き鳥屋のメニューに無いのが入っている。すぐに間違いだと分かるね。不正解と即座に判断できる。

もともと、焼鳥屋のメニューにないのだから……。

つまり、世間に存在し（常識的ではあっても）、本文中にはまったく関連性がない内容が加わったもの。

――さて、ここまでは、比較的見分けられるよね。つまり、やさしめの間違い選択肢なんだ。

いやらしい、見分けがつきにくいものも紹介しておくね。

Ⅳ　「皮＋皮＋皮＋豚皮」が来た！

確かに食感は「皮」だよ。でも、鶏と牛と豚とかの肉の皮の違い、君たちは食べ分けられる？

ちなみに、僕はできるよ、たぶん。

これは、微妙な間違い「選択肢」だね。本文中に述べられているようだけれど、実はよく読んでみると、本文にはないことがある。難しい！　ひっかけ問題だ。

Ⅴ「皮＋皮＋皮」が来た！

今度は間違いなく鶏の「皮」だけなんだよ。

でも、ちょっと待って。なんだか、数が少ないよね。この串も正確には注文どおりではないのだから、クレームをつけるよね。「少ないんちゃうん？」と。

本文の内容、設問の要求には確かに合致している。でも、足りないんだ。これも、判断は難しいね。

選択肢問題は「最も適当なものを選ぶ」必要があるんだ。他の選択肢が、当然Ⅰ～Ⅳのものであれば、一番ましなのはⅤになり、それが正解となるんだよね。

でも、本当の正しい解答ではないはずだね。だって、完璧ではないんだもんね。

実は、**ⅣやⅤがしっかりと、不正解だと判断できる力が、本物がちゃんと理解できているということではないのか**と思うんだ。本来の串としての「皮」とは何か。そして鶏の「皮」とは何か。さすがにⅣ、Ⅴを要求する設問というのも、最近の入試問題でも、めったにお目に掛からないですが……。

でも、やはり、最高のものを目指すべき、ではないか。

Ⅳは鶏の「皮」を充分理解していれば、おそらく違いには気づくでしょう。やっかいなのはⅤです。本来の完成品がどのようなものなのかが、分かっていなければなりません。

設問に対する本当の正解とは何か？
過不足ないものは、どのようなものか？

僕は、これへの**対策は一つしかない**と思っているんだ。**完成品つまり、すべての必要な内容が含まれている解答を、常に作るために努力を必要とする問題を解くしかない**と。つまり、それは、**「選択肢」**問題ではなく、**「記述」**問題ではないかと……。**しっかりと、本文を読み、設問の解答に必要な内容とはもれなくどれなのか、それを作り出す作業ではないか**と……。

これは、個人的な意見もしれませんが（そこそこ成功はしていると思いますが）、「現代文」の試験への対策は、**直前まで「記述」の問題をやること**をおすすめします。

本当の国語の力（読みとってまとめて、書く）がつくと思います。

つまり、「**本物の力**」ということです。

その2　「焼き鳥理論」で選択肢をみてみよう

先の例文の【問2】について、焼き鳥理論で、選択肢を分析してみようか。

この問いの必要なポイントは、

1「自然に人工を加える」「人の手による設計」

2「一つの完成に達する」

3「最初の形を保持して行く」「永遠的存在とする」「永遠に変わることのない」だった。

選択肢は以下の5つだったね。

① 変化し続ける自然を作品として凍結することにより、一瞬の生命の示現を可能にさせようとすること。

② 時間とともに変化する自然に手を加え、永遠不変の完結した形をそなえた作品を作り出そうとすること。

③ 常に変化する自然と人間の生活との親和性に注目し、両者を深い「縁」で結んだ形の作品を創造しようとすること。

④　変化こそ自然の本質だとする考えを積極的に受け入れ、消え去った後も記憶に残る作品を作り上げようとすること。

⑤　芸術家たちの造型意志によって、自然の素材の変化を生かしつつ、堅固な様式の作品に再構成しようとすること。

先に、正解の②を見ておこう。

時間とともに変化する自然
自然に手を加え
永遠不変の
完結した形をそなえた
作品を作り出そうとすること。

という「皮」が並んでいる文章だ。「変化する自然」は、ほぼすべての選択肢に入っていて、比較対照にはならないんだけれど、どれも、必要なポイントが綺麗に含まれているよね。

次に、分かりやすいのからいこうか。③だよ。

常に変化する自然
自然と人間の生活との親和性に注目し、
両者を深い「縁」で結んだ形の
作品を創造しようとすること。

――「自然と人間の生活との親和性」は、これは「日本の庭」についてのはずだよね。第③段落の中にあります。「両者の深い『縁』」も同様にして第③段落にあります。

この選択肢は「日本の庭」の正しい説明がされている。設問の要求する「ヨーロッパ流の芸術観」とは違います。

内容はいいのに、問いには応じていない。つまり、注文していない、別の正規なメニューが来たということでしょう。パターンⅠの「つくねが来た」だから、不正解なんだね。

それでは次に、①を見てみようか。

変化し続ける自然
自然を作品として凍結することにより、
一瞬の生命の示現を
可能にさせようとすること。

②や③のように、文末には「作品」がどうこうはないですが、そこは気にしなくてもいい。その他の

ところが重要だよ。

「自然を作品として凍結する」についての「凍結」は、第①段落にその単語があります。そこでは「日本の庭」にはないもの、として説明されている。対照として「ヨーロッパ的」と考えていいでしょう。

まずは、注文どおりですかね。

次の「一瞬の示現」は第⑥段落のなかにあって、「日本の庭」の説明としてあります。これは、「メニューにはあるものの、注文していないものが串に刺さってきた」、つまりパターンⅡだから不正解なんだね。

それでは、④はどうでしょう？

変化こそ自然の本質だと

変化こそ自然の本質だとする考えを積極的に受け入れ、

消え去った後も

記憶に残る

作品を作り上げようとすること。

「変化」を「自然の本質」として、それを「積極的に受け入れ」たという表現自体は、本文にはありません。ただ、「移って止まぬ生命の輝き」を志向した「日本の芸術」としては、「変化」を「積極的に受け入れた」と言っていいでしょう。

でも、設問の要求は「ヨーロッパ流の芸術観」なので、「注文とは違う品」ということになりますね。「記憶に残る」も本文にはありません。消えてなくなれば当然「記憶」には残ることになるんでしょうから、どちらかと言うと「日本の芸術」のほうなのでしょうが、本文には「記憶」は無いので、「店に置いていないメニューが串に刺さってきた」間違い、という感じでしょうか。

結局④は、前半がパターンⅡ、後半がパターンⅢとⅣの混合不正解でしょうか。

最後に⑤です。

芸術家たちの造型意志によって、
自然の素材の変化
自然の素材の変化を生かしつつ、
堅固な様式の
作品に再構成しようとすること。

最初の「芸術家たちの造形意志」は第④段落に「ヨーロッパ式庭園」の説明の中にあるので、注文どおりだね。後半の「堅固な様式」は「堅固」という語句が第⑥段落にある。ただし「様式」なのかは疑問だけれどね。

最後の「再構成」も表現としてはないのですが、「自然」を残しながら作り直したものが「庭」だとすると、まぁ、いいでしょう。

さてさて、問題になるのは「自然の素材の変化を生かしつつ」です。「変化を生かす」のは、「日本の庭」でしょうから、ここが注文とは違う。⑤は、パターンⅡの誤りということになるでしょう。

さて、選択肢をバラして見てきました。

誤りのパターンも、厳密にⅠ～Ⅴにきれいに分類できるものもあれば、混合しているのもあるんだ。どちらにしても、**間違いだと判断できればいいんだよね。**

本当の「国語の力」をつけるには、センター試験をはじめ、多くの選択肢問題に挑戦していく受験生にとって、勉強の方法はなかなか難しいかもしれません。センター試験対策とか、私立大選択肢問題対策とか言われるからね。直前は、選択肢問題に時間を測りながらバンバン取り組むのは大賛成です。でも、それまでは、しっかりと本文を読んで、正解の箇所、根拠を見つけていくには、僕は選択肢問題を解くのはあまり勧めない。選択肢の中から正解を探す作業は、本文がしっかりと読めていなくても、確率5分の1で、たまたま正解してしまう不幸が起こりえるからです。

本文をしっかりと読解する練習には、選択肢問題は適していないということです。

番外編、第1講・その1の最後でも述べましたが、正解のポイントが確実に拾えたかどうかを見る、記述式の問題をたくさん解くのがいいと思います。

だからといって、超難関大学、国公立大学の問題を解く必要は、必ずしもない。自分の力に合わせた、記述問題集でいいのだと思いますよ。

（了）

あとがき

実のところ、僕は小学校から高等学校まで、国語という教科を苦手としていました。一生懸命に勉強しなかったことが最大の原因ですが、好きな教科や得意な科目ばかりに時間を費やしていた気がします。でも、読書と文学が好きだったので文学部に進んで、本当にちょっとしたきっかけで国語の教師になりましたが、ただ、その後が大変でした。苦手だった教科を実際に教えなければならないからです。生徒や同僚の先生方に迷惑はかけられないというので、それから数年間は必死で勉強しました。当時出版されていた現代文の参考書や問題集などはほぼ読み尽くしました。そんな中でふと感じたことがあったのです。苦手や不得意な生徒に教えるのには、どんなやり方がいいのだろうかと。苦手だった僕だからこそ気付くことがあるんじゃないのかと。これが「レシピ」なんかを考え始めるきっかけになりました。

僕の勤めている学校には、放課後に生徒自主参加の「学習会」なるものがたくさんあります。ここに収めた評論の読解方法は、そうした「学習会」や夏休み中にある「サマー講習会」で何度か基礎講座として開講してきたものです。その時は色々な入試問題の文章を用いてきたのですが、僕自身の興味や読んでもらいたいものとして、二つの文章を選択しました。

勉強の仕方がわかりにくい現代文という科目の、読解力養成のきっかけとなればと思い、今回は書籍という形にしてみました。出版を薦めてくれた文芸社出版企画部の小柳出卓也氏と編集部の鈴木二郎氏には感謝申し上げます。また、センスのいいイラストを描いてくれた山本ユウさん、旧知の仲であるtrattoria-k氏、料理の取材を快く引き受けて頂いたリストランテ・ポルポの船越シェフはじめスタッフの方々にはこの場を借りてお礼申し上げます。ありがとうございました。

二〇一二年五月

北　英太郎

著者プロフィール

北 英太郎（きた えいたろう）

大阪府生まれ。

私立関西大倉中学校高等学校国語科教諭。

関西学院大学文学部を卒業後、府立四條畷高等学校勤務を経て、1989年より現職。現在、入試運営部長、アメリカンフットボール部顧問。

趣味は読書、京都の探訪（京都検定２級）、イタリア料理の食べ歩き。

現代文評論読解のレシピ

2012年８月15日　初版第１刷発行

著　者　北 英太郎
発行者　瓜谷 綱延
発行所　株式会社文芸社
〒160-0022　東京都新宿区新宿１－10－１
電話　03-5369-3060（編集）
03-5369-2299（販売）

印刷所　株式会社フクイン

ISBN978-4-286-12423-0